RÉPUBLIQUE FRANÇAISE.

LIBERTÉ. ÉGALITÉ. FRATERNITÉ.

## ADMINISTRATION DES DOUANES.

# TARIF

DES

# DROITS DE NAVIGATION

SUIVI

## DU TARIF DES DROITS SANITAIRES.

PARIS.

IMPRIMERIE NATIONALE.

1850.

# TARIF

DES

# DROITS DE NAVIGATION,

DRESSÉ ET PUBLIÉ

PAR LES SOINS DE L'ADMINISTRATION DES DOUANES

ET APPROUVÉ

PAR M. LE MINISTRE DES FINANCES.

## PARIS.

IMPRIMERIE NATIONALE.

DÉCEMBRE 1850.

SE TROUVE A PARIS,

Chez Guillaumin, Libraire, rue Richelieu, n° 14.

PRIX FIXE À PARIS : 2 FRANCS.

# ARRÊTÉ.

LE MINISTRE DES FINANCES,

Vu les lois, décrets et ordonnances qui ont établi ou modifié les taxes de navigation à percevoir dans les ports de France, tant sur les navires français que sur les navires étrangers;

Sur le rapport de M. le Directeur de l'Administration des douanes;

ARRÊTE :

### ARTICLE PREMIER.

Le Tarif ci-annexé est approuvé pour servir de règle dans l'application et la perception des droits de navigation de toute sorte.

### ART. 2.

En cas de doute ou de contestation sur la manière d'entendre ou d'appliquer les dispositions contenues audit Tarif, il en sera référé à l'administration supérieure, sans préjudice du droit de recours devant les tribunaux qui reste ouvert aux parties intéressées.

### ART. 3.

Les contrefacteurs seront poursuivis conformément aux lois.

### ART. 4.

Le Directeur de l'Administration des Douanes est chargé de l'exécution du présent arrêté.

Paris, le 27 septembre 1850.

Signé ACHILLE FOULD.

# AVERTISSEMENT.

Le Tarif des droits de navigation se divise en trois parties :

Les *Observations préliminaires*,

Le *Tableau des droits*,

Les *Notes explicatives*.

Ce Tarif, étant revêtu de l'approbation de M. le Ministre des finances, acquiert ainsi un caractère officiel. Il doit, à ce titre, servir *seul* de guide aux employés dans l'application et la perception des taxes auxquelles il se rapporte.

# OBSERVATIONS PRÉLIMINAIRES.

## DROITS DE NAVIGATION.

**1.** Les droits de navigation proprement dits sont : le droit *de Francisation*, le droit *de Tonnage* et le droit *d'Expédition*; mais on range aussi dans cette classe les droits *d'Acquit* et *de Congé*, ainsi que les droits *de Passe-port*, *de Permis* et *de Certificat*, bien que ces derniers se rapportent plutôt à la cargaison du navire qu'au navire lui-même, et que le droit de passe-port ne soit, en fait, qu'un droit de police.

### DU DROIT DE FRANCISATION.

**2.** Ainsi que sa dénomination l'indique, ce droit affecte exclusivement les navires français et ceux de construction étrangère qui sont admis au bénéfice de la francisation dans les circonstances exceptionnelles prévues et déterminées par la loi. —Voir, à cet égard, l'article 2 de la loi du 21 septembre 1793 et l'article 7 de la loi du 27 vendémiaire an 11.

**3.** Le droit de francisation se perçoit au moment de la délivrance du brevet, signé par le Ministre des finances, qui constate la nationalité du navire, ou de l'acte *provisoire* que les douanes sont autorisées à remettre, dans certains cas, aux capitaines pour tenir lieu de ce brevet. — Voir la *Circulaire* n° 1559, ainsi que les *Circulaires* n°° 1175 et 1432 pour ce qui concerne la délivrance des actes de francisation.

**4.** La quotité du droit de francisation varie en raison du tonnage, plus ou moins élevé, des navires (voir le *Tableau des droits*, page 11); mais le nombre des propriétaires, autrement dit des *ayant-part*, n'influe en rien sur cette quotité, et, comme l'explique la Circulaire n° 278, il n'est toujours dû qu'un seul et même droit, que le navire appartienne à un seul ou à plusieurs individus.

Voir, d'ailleurs, la *note* (1), *page* 21, pour ce qui concerne la perception du droit de francisation ainsi que pour les cas d'exemption de ce droit.

**5.** Renouvellement de l'acte de francisation. — Il y a lieu au renouvellement de l'acte de francisation, 1° quand le navire est changé dans sa forme ou dans son tonnage (*Loi du 27 vendémaire an 11, article 21*); 2° quand cet acte est atteint de vétusté ou ne contient plus assez de place pour qu'on puisse y inscrire les mutations de propriété. Dans ces deux cas et, en général, *toutes les fois que l'acte de francisation antérieurement délivré est représenté*, son renouvellement ne donne lieu qu'au simple payement du prix du parchemin et du timbre (*Décision du 28 ventôse an XIII et Circulaires* n°° 1616, 1108 et 1345). Mais, en cas de perte de l'acte de francisation, le propriétaire du navire n'obtient qu'on lui en délivre un nouveau qu'à la charge de remplir les mêmes formalités et de payer les mêmes droits que s'il s'agissait d'une première francisation *(Loi du 27 vendémiaire an 11, article 20)*.

### DU DROIT DE TONNAGE.

**6.** Le droit de tonnage est un droit d'abord. Il est dû par le seul fait de l'entrée du navire dans un port, la station ne fût-elle que de quelques heures *(Loi du 27 vendémiaire an 11, Décision du 23 prairial de la même année et Circulaire n° 1333)*.

**7.** *L'espace gardé par un bureau de douane* et affecté aux opérations commerciales constitue un port.
Les relâches dans les golfes, rades, anses et baies où il n'y a pas de bureau et qui, par conséquent, ne font point partie *d'un port gardé*, ne donnent pas ouverture au droit de tonnage. La même immunité est acquise aux navires qui n'entrent et ne stationnent dans les ports que pour purger leur quarantaine et qui, immédiatement après leur admission à la libre pratique, reprennent la mer sans s'être livrés à aucune opération de commerce *(Circulaire n° 1333 et Circulaire lithographiée du 26 août 1844)*.

**8.** Le droit de tonnage se paye dans les vingt jours de l'arrivée et avant le départ du bâtiment *(Loi du 4 germinal an 11, titre III, article 12)*.
Il est perceptible proportionnellement sur la fraction du tonneau incomplet *(Circulaire n° 1333)*.
C'est le tarif en vigueur au moment de l'entrée du navire qui est applicable *(Décision du 2 décembre 1840)*.
Voir, d'ailleurs, pour ce qui concerne le droit de tonnage et son application, le *Tableau des droits* pages 12 à 17, ainsi que les *notes* (2) à (54), *pages* 21 à 31.

### DU DROIT D'EXPÉDITION.

**9.** C'est, en quelque sorte, un second droit de tonnage, mais établi sur d'autres bases, ainsi, d'ailleurs, que l'indique le *Tableau des droits*. — Voir *pages* 12 à 17.

**10.** Le droit d'expédition affecte exclusivement le corps du navire. Il est indivisible, comme le droit de tonnage, nonobstant le double fait de l'*entrée* et de la *sortie*.

**11.** Ce droit, de même que le droit de tonnage, est dû par le seul fait *de l'entrée* dans un port de France *(Décision ministérielle du 8 ventôse an 11)*. Il doit être perçu dans les vingt jours de l'arrivée et avant le départ du navire.
Voir aussi les *notes* (55) et (56), *pages* 31 et 32.

### DU CONGÉ.

**12.** Aucun navire français ne peut sortir d'un port de France sans être muni d'un congé, qui est valable pour un an *(Loi du 27 vendémiaire an 11, articles 5 et 22, et Loi du 6 mai 1841, article 20)*.

**13.** Lorsque le congé a plus d'une année de date, il doit être renouvelé avant le départ du navire.

s'il se trouve dans un port français. Quand, au contraire, le navire est à l'étranger, le congé, quelle qu'en soit la date, est valable jusqu'à son retour *(Circulaire n° 1851)*.

Le renouvellement de l'acte de francisation n'entraîne pas nécessairement le renouvellement du congé, si le délai de celui-ci n'est pas expiré *(Décision du 14 septembre 1835)*.

Voir, pour le droit de congé, le *Tableau des droits*, page 18, ainsi que les *notes* (58) et (59), *page* 32.

### DU PASSE-PORT.

**14.** Le passe-port a pour objet de constater que le navire qui sort du port a produit les pièces justificatives de son origine et qu'il a satisfait à toutes les obligations imposées par la loi. C'est, en d'autres termes, un permis de sortie pour le navire. La taxe spéciale perçue pour le passe-port est donc un droit de police ou de certificat plutôt qu'un droit de navigation *(Circulaires des 17 vendémiaire an III et 9 brumaire an IV)*.

Voir, pour le droit de passe-port, le *Tableau des droits*, page 18, ainsi que la *note* (60), *page* 32.

### DU PERMIS.

**15.** Le permis est l'acte que la douane délivre pour autoriser l'embarquement ou le débarquement des marchandises. L'obligation de se pourvoir d'un permis pour tout embarquement ou débarquement résulte de l'article 13, titre II, de la loi du 22 août 1791.

**16.** Un seul permis suffit, quelle que soit la durée de l'embarquement ou du débarquement, lorsqu'il n'y a qu'un seul envoyeur ou destinataire, et que les marchandises sont comprises dans une seule et même déclaration *(Décision du 16 ventôse an IV)*. Toutefois, le permis d'embarquement doit être restreint à la quantité de marchandises qu'il est possible de réunir dans le lieu désigné pour la visite *(Loi du 27 juillet 1822, article 13)*.

Voir, pour ce qui concerne le droit de permis, le *Tableau des droits*, pages 19 *et* 20, ainsi que les *notes* (61) à (72), *pages* 33 et 34.

# EXPLICATION DES ABRÉVIATIONS

## DONT IL EST FAIT USAGE DANS LE TABLEAU DES DROITS.

*(Colonne des Titres de perception.)*

| | | |
|---|---|---|
| L. | signifie | Loi. |
| O. | —— | Ordonnance. |
| D<sup>t</sup>. | —— | Décret. |
| A. | —— | Arrêté. |
| D. | —— | Décision. |
| D. M. | —— | Décision ministérielle. |
| T. | —— | Traité. |

# TABLEAU
# DES DROITS DE NAVIGATION.

## DROIT DE FRANCISATION.

| DÉSIGNATION DES NAVIRES. | | TITRES de perception. | QUOTITÉ DU DROIT | |
|---|---|---|---|---|
| | | | par tonneau. | par navire. |
| Navires de construction française et navires étrangers admis exceptionnellement à la francisation (1). | de moins de 100 tonneaux. | L. 2 juillet 1836. | 0f. 09c | » |
| | de 100 tonneaux *inclusivement* à 200 tonneaux *exclusivement* | L. 27 vendémiaire an II. | » | 18f. 00c |
| | de 200 tonneaux *inclusivement* à 300 tonneaux *exclusivement* | Idem. | » | 24. 00 |
| | de 300 tonneaux *inclusivement* à 400 tonneaux *exclusivement* | Idem. | » | 30. 00 |
| | de 400 tonneaux *inclusivement* à 500 tonneaux *exclusivement* | Idem. | » | 36. 00 |
| | de 500 tonneaux *inclusivement* à 600 tonneaux *exclusivement* | Idem. | » | 42. 00 |
| | de 600 tonneaux *inclusivement* à 700 tonneaux *exclusivement* | Idem. | » | 48. 00 |
| | de 700 tonneaux *inclusivement* à 800 tonneaux *exclusivement* | Idem. | » | 54. 00 |
| | de 800 tonneaux *inclusivement* à 900 tonneaux *exclusivement* | Idem. | » | 60. 00 |
| | de 900 tonneaux et au-dessus | Idem. | » | Le droit ci-dessus doit être augmenté de 6 francs pour chaque *classe de 1 à 100 tonneaux.* |

| DÉSIGNATION DES NAVIRES. | DROIT DE TONNAGE (2). | | DROIT D'EXPÉDITION (55). | | DROIT D'ACQUIT (57). | |
|---|---|---|---|---|---|---|
| | TITRES de perception. | QUOTITÉ du droit. | TITRES de perception. | QUOTITÉ du droit. *(par navire.)* | TITRES de perception. | QUOTITÉ du droit. *(par acte.)* |
| **Navires français** — venant d'ailleurs que des possessions britanniques en Europe......... | L. 27 vendém. an 11, L. 6 mai 1841. | Exempts. | D. 25 pluviôse an 11. | Exempts. | D. 23 germin. 1011. | Exempts. |
| venant des possessions britanniques en Europe — dans tous autres cas que ceux indiqués ci-dessous (3)......... | L. 1 juillet 1856. | 1f. 00c par tonneau. | D. M. 19 brum. an X. / L. 27 vendém. an 11. | De 5 tonneaux et au-dessous.... Exempts. / De 5 tonn. exclus. à 150 t. inclus. 2f. 00c / De 150 t. exclus. à 500 t. inclus. 6. 00 / De plus de 500 tonneaux...... 15. 00 | L. 27 vend. an 11. | 0f. 50c |
| Paquebots affectés *exclusivement* au transport des voyageurs (4)......... | L. 2 juillet 1856. / D. M. 12 mars 1831. | 1f. 00c par voyageur. | L. 27 vendém. an 11. | De 150 tonneaux et au-dessous. 2. 00 / De plus de 150 t. à 500 t. inclus. 6. 00 / De plus de 500 tonneaux.... 15. 00 (56) | | |
| Bâtiments de guerre..................... | | | | | | |
| ——— frétés pour le compte de l'État ou requis pour le service militaire (5). | L. 27 vendém. an 11. | | | | | |
| ——— employés comme parlementaires (6). | D. 3 nivôse an 7. | | | | | |
| ——— arrivant de la course.......... | L. 27 vendém. an 11. | | | | | |
| ——— entrant à Marseille............ | O. 10 septemb. 1817. | | | | | |
| ——— en relâche forcée (7)......... | A. 26 ventôse an 13. | | | | | |
| ——— échoués et abandonnés (8)........ | | | | | | |
| ——— provenant d'épaves (9).......... | D. 7 frimaire an 111. | Exempts. | D. 23 pluviôse an 11. | Exempts. | D. 21 germin. 11. | Exempts. |
| ——— arrivant *sur lest* pour charger du sel à destination de l'étranger ou de la pêche de Terre-Neuve (10)... | O. 31 juillet et 1 décembre 1816; / D. M. 7 juin 1819. | | | | | |
| ——— revenant directement *sur lest*, après avoir transporté un chargement de sel en Angleterre (11)...... | D. M. 19 janv. 1829. | | | | | |
| ——— expédiés de France *sur lest* pour aller chercher les cargaisons d'autres navires français qui, *partis d'un port étranger à la Grande-Bretagne,* ont fait naufrage sur les côtes de ce pays (12)............ | D. 30 juin 1841. | | | | | |

| DÉSIGNATION DES NAVIRES | DROIT DE TONNAGE (2) | | DROIT D'EXPÉDITION (3) | | DROIT D'ACQUIT (37) | |
|---|---|---|---|---|---|---|
| | TITRES de perception. | QUOTITÉ du droit. | TITRES de perception. | QUOTITÉ du droit. | TITRES de perception. | QUOTITÉ du droit. |
| | | *par tonneau.* | | *par navire.* | | *par acte.* |
| **Navires étrangers — de tous pavillons —** des pays qui n'ont pas de traité de navigation avec la France, *hors les cas indiqués ci-dessous* | L. 27 vendém. an 11. / L. 14 floréal an x. | fr. c. 3. 75 | D. M. 13 brum. an X. / L. 27 vendém. an 11. | De 5 tonneaux et au-dessous..... Exempts. / fr. c. De 5 tonn. exclus' à 200 t. inclus'. 18. 00 / De plus de 200 t. 36. 00 | L. 27 vendém. an 11. | fr. c. 1. 00 |
| affectés exclusivement au transport des voyageurs (13) | D. M. 13 mars 1831. | À raison de l'intérieur par voyageur. | L. 27 vendém. an 11. | De 200 tonneaux et au-dessous. 18. 00 / De plus de 200 t. (24) 36. 00 | | |
| de plaisance (*yachts*) appartenant à des sociétés dites *yacht-clubs* (14) | D. 5 novemb. 1831. | | | | | |
| de guerre | | | | | | |
| frétés pour le compte de l'État ou requis pour le service militaire (5) | L. 27 vendém. an 11. | | | | | |
| employés comme parlementaires (6) | D. 3 juillet an 7. | | | | | |
| employés comme allèges (15) | D. M. 23 mars 1806. | | | | | |
| entrant à Marseille | D. 10 septemb. 1817. | | | | | |
| échoués et abandonnés (8) | D. 7 frimaire an III. | Exempts. | D. 23 pluviôse an 11. | Exempts. | D. 31 germ. an 11. | Exempts. |
| provenant d'épaves (9) | | | | | | |
| arrivant *sur lest* pour charger du sel à destination de l'étranger ou de la pêche de Terre-Neuve (10) | O. 31 juillet et 4 décembre 1816. | | | | | |
| provenant de prises (16) | D. 9 vendém. an VI. / D. 9 pluviôse an VIII. | | | | | |
| admis exceptionnellement à faire le cabotage (17) | A. 17 février an III, L. 6 mai 1841. | | | | | |
| venant d'un autre port de France pour opérer ou compléter leur chargement (18) | D. M. 25 nov. 1831. | | | | | |
| entrant dans un port situé en rivière ou dans une rade, après avoir déjà acquitté les droits dans un autre port de la même rivière ou de la même rade (19) | D. M. 7 pluv. an IV. | | | | | |
| de 80 tonneaux et au-dessous, venant *sur lest* ou avec des marchandises taxées à moins de 20 francs par 100 kilogrammes, charger des huîtres dans un port de la Manche (20) | D. M. 8 avril et 6 mai 1830. | 1. 25 | D. M. 8 avril et 6 mai 1830. | Exempts. | L. 27 vendém. an 11. | 1. 00 |
| **ou relâche forcée (21) — allant de l'étranger à l'étranger —** venant d'un port de France (22) | D. M. 7 avril 1817. | | | | | |
| expédiés de l'étranger à destination d'un autre port de France (23) | A. 26 vendém. an IV. | | | | | |
| jugés innavigables, mais non abandonnés (24) | D. M. 7 frim. an VI. | Exempts. | D. 23 pluviôse an 11. | Exempts. | D. 24 germ. an 11. | Exempts. |
| contraints, après une première relâche forcée dans un port de la Méditerranée, d'effectuer d'autres relâches dans des ports de la même mer (25) | O. 24 février 1815. | | | | | |
| poursuivis par l'ennemi (26) | D. 1er vendém. an III. | | | | | |
| faisant la pêche (27) | D. M. 8 avril 1816. | | | | | |

des pays qui ont un traité de navigation avec la France. — *Voir d'autre part.*

| DÉSIGNATION DES NAVIRES. | DROIT DE TONNAGE (8). | | DROIT D'EXPÉDITION (23). | | DROIT D'ACQUIT (37). | |
|---|---|---|---|---|---|---|
| | TITRES de perception. | QUOTITÉ du droit. | TITRES de perception. | QUOTITÉ du droit. | TITRES de perception. | QUOTITÉ du droit. |
| | | par tonneau. | | par navire. | | par acte. |
| | | fr. c. | | | | fr. c. |
| **Espagnols (29)** — venant des possessions britanniques en Europe, *autrement qu'en relâche forcée* (30) | T. 15 août 1761, L. 2 juillet 1824. | 1. 00 | D. M. 29 brum. an 2.   T. 15 août 1761, L. 27 vendém. an II. | Des 5 tonneaux et au-dessous... Exempts.<br>De 5 ton. exclus' à 150 t. inclus'... 2. 00<br>De 150 t. exclus' à 500 t. inclus'... 6. 00<br>De plus de 500 tonneaux... 15. 00 | T. 15 août 1761, L. 27 vend. an II. | 0. 50 |
| dans tout autre cas | T. 15 août 1761. | Exempts. | T. 15 août 1781. | Exempts. | T. 15 août 1761. | Exempts. |
| **Américains (États-Unis)** — venant de tous pays quelconques, *autrement qu'en relâche forcée* (31) | T. 24 juin 1822. | 5. 00 | D. M. 29 brum. an 2.   L. 27 vendém. an II, T. 24 juin 1822. | Des 5 tonneaux et au-dessous... Exempts.<br>De 5 ton. exclus' à 150 t. inclus'... 2. 00<br>De 150 t. exclus' à 500 t. inclus'... 6. 00<br>De plus de 500 tonneaux... 15. 00 | L. 27 vend. an II, T. 24 juin 1822. | 0. 50 |
| en relâche forcée (32) | D. M. 23 avril 1824. | Exempts. | D. 23 pluviôse an 13. | Exempts. | D. 13 germ. an 13. | Exempts. |
| **Navires des pays qui ont un traité de navigation avec la France (28) — Anglais** — venant des possessions britanniques en Europe autrement qu'en relâche forcée (33) | T. 26 janvier 1826, L. 2 juillet 1826. | 1. 00 | D. M. 29 brum. an 2.   L. 27 vendém. an II, T. 26 janvier 1826. | Des 5 tonneaux et au-dessous... Exempts.<br>De 5 ton. exclus' à 150 t. inclus'... 2. 00<br>De 150 t. exclus' à 500 t. inclus'... 6. 00<br>De plus de 500 tonneaux... 15. 00 | L. 27 vend. an II, T. 26 janv. 1826. | 0. 50 |
| venant *sur lest* d'ailleurs que desdites possessions | T. 26 janvier 1826, O. 6 février 1826. | Exempts. | T. 26 janvier 1826. | Exempts. | T. 26 janv. 1826. | Exempts. |
| Smogleurs, *de 30 tonneaux et au-dessous* (34) | A. 21 frimaire an x, D. M. 9 juin 1825. | 1. 25 | A. 21 frimaire an x, D. M. 9 juin 1825. | Exempts. | L. 27 vend. an II. | 1. 00 |
| en relâche forcée (35) — Bateaux pêcheurs | T. 26 janvier 1826, O. 6 février 1826. | Exempts. | T. 26 janv. 1826. | Exempts. | T. 26 janv. 1826. | Exempts. |
| en relâche forcée (35) — autres : expédiés d'un port de la Grande-Bretagne à destination de France ou de l'étranger | | | | | | |
| en relâche forcée (35) — autres : allant de l'étranger à l'étranger, *avec chargement* | L. 27 vendém. an II, D. M. 10 déc. 1831. | 3. 75 | D. M. 29 brum. an 2.   L. 27 vendém. an II. | De 5 tonneaux et au-dessous... Exempts.<br>De 5 ton. exclus' à 500 t. inclus'... 18. 00<br>De plus de 500 tonneaux... 36. 00 | L. 27 vend. an II. | 1. 00 |
| dans tout autre cas | L. 27 vendém. an II, L. 14 floréal an x. | 3. 75 | | | | |
| **Danois** — venant d'ailleurs que des possessions britanniques en Europe (36) — Bateaux à vapeur *exclusivement affectés au transport des voyageurs et des dépêches* (4) | | | | | | |
| autres : en relâche forcée, repartant avec le même chargement | | | T. 9 février 1822. | Exempts. | | |
| autres : échoués, reprenant la mer avec ou sans chargement | T. 9 février 1822, O. 2 sept. 1824. | 0. 06 | | | | |
| autres : entrant dans un port, soit pour cause d'avaries, soit pour y prendre des avis, mais sans y faire aucune opération de commerce | | | | | | |
| autres : dans tout autre cas | Idem. | 2. 10 | | | | |
| venant des possessions britanniques en Europe | Mêmes droits de tonnage que ceux venant d'ailleurs, suivant le cas | | D. M. 29 brum. an 2.   L. 27 vend. an II, T. 9 février 1822. | De 5 tonneaux et au-dessous... Exempts.<br>De 5 ton. exclus' à 150 t. inclus'... 2. 00<br>De 150 t. exclus' à 500 t. inclus'... 6. 00<br>De plus de 500 tonneaux... 15. 00 | L. 27 vend. an II, T. 9 février 1822. | 0. 50 |

| DÉSIGNATION DES NAVIRES | DROIT DE TONNAGE (T.) | | DROIT D'EXPÉDITION (35). | | DROIT D'ACQUIT (37). | |
|---|---|---|---|---|---|---|
| | TITRES de perception. | QUOTITÉ du droit. | TITRES de perception. | QUOTITÉ du droit. | TITRES de perception. | QUOTITÉ du droit. |
| | | *par tonneau.* | | *par navire.* | | *par acte.* |
| **Russes** — venant sur lest — des possessions britanniques en Europe | L. 2 juillet 1836, T. 16 sept. 1846. | fr. c.<br>1. 00 | D.M. 19 brum. an X.<br>L. 27 vendém. an II, T. 16 sept. 1846. | De 5 tonneaux et au-dessous... Exempts.<br>De 5 tonn. exclus' à 150 t. inclus'. 2. 00<br>De 150 t. exclus' à 300 t. inclus'. 6. 00<br>De plus de 300 tonneaux... 15. 00 | L. 27 vend. an II, T. 16 sept. 1846. | fr. c.<br>0. 50 |
| venant sur lest — d'ailleurs, *excepté des ports russes de la mer Noire et de la mer d'Azoff* | | | | | | |
| venant avec chargement de tous ports russes, *autres que ceux de la mer Noire et de la mer d'Azoff* | T. 16 sept. 1846. | Exempts. | T. 16 sept. 1846. | Exempts. | T. 16 sept. 1846. | Exempts. |
| en relâche forcée (37) | | | | | | |
| dans tout autre cas | L. 27 vendém. an II, L. 14 floréal an X. | 3. 75 | D.M. 19 brum. an X.<br>L. 27 vendém. an II. | De 5 tonneaux et au-dessous... Exempts.<br>De 5 tonn. exclus' à 200 t. inclus'. 18. 00<br>De plus de 200 tonneaux... 36. 00 | L. 27 vend. an II. | 1. 00 |
| **NAVIRES des pays qui ont un traité de navigation avec la France (*Suite*)** — **Néerlandais (38)** — arrivés d'ailleurs que des possessions britanniques en Europe — sur lest — repartant sur lest | T. 25 juillet 1840. | Exempts. | T. 25 juillet 1840. | Exempts. | D. 2 germ. an XI. | Exempts. |
| sur lest — ayant déjà acquitté les droits dans un autre port français | | | | | | |
| sur lest — dans tout autre cas (n) | T. 25 juillet 1840, O. 28 juin 1841. | 2. 10 | *Idem.* | Exempts. | L. 27 vend. an II, T. 25 juill. 1840. | 0. 50 |
| chargés — repartant sans avoir effectué aucune opération de commerce | T. 25 juillet 1840. | Exempts. | *Idem.* | Exempts. | D. 2 germ. an XI. | Exempts. |
| chargés — ayant déjà acquitté les droits dans un autre port français | | | | | | |
| chargés — dans tout autre cas, *suiv. qu'ils sont venus* : des Pays-Bas (n) | T. 25 juillet 1840, O. 28 juin 1841. | 2. 10 | *Idem.* | Exempts. | L. 27 vend. an II, T. 25 juill. 1840. | 0. 50 |
| chargés — dans tout autre cas : d'ailleurs | L. 27 vendém. an II, L. 14 floréal an X. | 3. 75 | D.M. 19 brum. an X.<br>L. 27 vendém. an II. | De 5 tonneaux et au-dessous... Exempts.<br>De 5 tonn. exclus' à 200 t. inclus'. 18. 00<br>De plus de 200 tonneaux... 36. 00 | L. 27 vend. an II. | 1. 00 |
| arrivés des possessions britanniques en Europe — chargés — faisant des opérations de commerce | L. 27 vendém. an II, L. 14 floréal an X. | 3. 75 | D.M. 19 brum. an X.<br>L. 27 vendém. an II. | De 5 tonneaux et au-dessous... Exempts.<br>De 5 tonn. exclus' à 200 t. inclus'. 18. 00<br>De plus de 200 tonneaux... 36. 00 | L. 27 vend. an II. | 1. 00 |
| arrivés des possessions britanniques en Europe — chargés — repartant sans avoir effectué aucune opération de commerce | T. 25 juillet 1840, O. 28 juin 1841. | 1. 00 | D.M. 19 brum. an X.<br>L. 27 vendém. an II, T. 25 juillet 1840. | De 5 tonneaux et au-dessous... Exempts.<br>De 5 tonn. exclus' à 150 t. inclus'. 2. 00<br>De 150 t. exclus' à 300 t. inclus'. 6. 00<br>De plus de 300 tonneaux... 15. 00 | L. 27 vend. an II, T. 25 juill. 1840. | 0. 50 |
| arrivés des possessions britanniques en Europe — sur lest | | | | | | |
| ayant déjà acquitté les droits dans un autre port français | T. 25 juillet 1840. | Exempts | T. 25 juillet 1840. | Exempts. | D. 2 germ. an XI. | Exempts. |
| en relâche forcée, *de quelque lieu qu'ils viennent* (39) | A. 16 ventôse an IV, T. 25 juillet 1840. | Exempts | | | | |

(n) Le droit de 2 francs 10 centimes (3 *francs 75 centimes, d'acquit compris*) n'est exigible qu'une seule fois dans le cours de la même année (*se reporter à la note* (35), *page* 29).

| DÉSIGNATION DES NAVIRES. | DROIT DE TONNAGE (53). | | DROIT D'EXPÉDITION (55). | | DROIT D'ACQUIT (57). | |
|---|---|---|---|---|---|---|
| | TITRES de perception. | QUOTITÉ du droit. | TITRES de perception. | QUOTITÉ du droit. | TITRES de perception. | QUOTITÉ du droit. |
| | | *par tonneau.* | | *par navire.* | | *par acte.* |
| **NAVIRES des pays qui ont un traité de navigation avec la France** (*Suite*) — **Belges** (40) — arrivés d'ailleurs que des possessions britanniques en Europe — sur lest — repartant sur lest.......... | T. 17 novemb. 1849, D. 1er mars 1850. | Exempts. | T. 17 nov. 1849, D. 1er mars 1850. | Exempts. | D. 3 germ. an XI. | Exempts. |
| — ayant déjà acquitté les droits dans un autre port français. | | | | Exempts. | L. 27 vend. an 11, T. 17 nov. 1849. | |
| — dans tout autre cas (a)...... | Idem. | 2. 20 | Idem. | Exempts. | L. 27 vend. an 11, T. 17 nov. 1849. | 0. 50 |
| — affectés exclusivement au transport des voyageurs et des dépêches (4)...... | T. 23 décemb. 1845. | Exempts. | T. 23 décemb. 1845. | Exempts. | D. 21 germ. an XI. | Exempts. |
| — chargés — repartant sans avoir effectué aucune opération de commerce | T. 17 nov. 1849, D. 1er mars 1850. | Exempts. | T. 17 nov. 1849, D. 1er mars 1850. | Exempts. | D. 21 germ. an XI. | Exempts. |
| — ayant déjà acquitté les droits dans un autre port français. | | | | | | |
| — dans tout autre cas, lorsqu'ils sont venus — de Belgique (a).... | Idem. | 2. 20 | Idem. | Exempts. | L. 27 vend. an 11, T. 17 nov. 1849. | 0. 50 |
| — d'ailleurs........ | L. 27 vendém. an 11, L. 14 floréal an X. | 3. 75 | D. M. 19 brum. an X., L. 27 vendém. an 11. | De 4 tonneaux et au-dessous.... Exempts.<br>De 4 tonn. exclus' à 200 t. inclus'. 18. 00<br>De plus de 200 tonneaux.... 36. 00 | L. 27 vend. an 11. | 1. 00 |
| arrivés des possessions britanniques en Europe — chargés — faisant des opérations de commerce.......... | | | | | | |
| — ayant déjà acquitté les droits dans un autre port français | T. 17 nov. 1849, D. 1er mars 1850. | Exempts. | T. 17 nov. 1849, D. 1er mars 1850. | Exempts. | D. 21 germ. an XI. | Exempts. |
| — repartant sans avoir effectué aucune opération de commerce.......... | L. 2 juillet 1836, T. 17 nov. 1849, D. 1er mars 1850. | 1. 00 | D. M. 19 brum. an X.<br>L. 27 vendém. an 11, T. 17 nov. 1849, D. 1er mars 1850. | De 5 tonneaux et au-dessous.... Exempts.<br>De 5 tonn. exclus' à 150 t. inclus'. 2. 00<br>De 150 t. exclus' à 300 t. inclus'. 6. 00<br>De plus de 300 tonneaux.... 15. 00<br>(56) | | |
| — affectés exclusivement au transport des voyageurs et des dépêches (4)...... | L. 2 juillet 1836, D. M. 13 mars 1852, T. 13 déc. 1845. | 1. 00 *par voyageur.* | | | L. 27 vend. an 11, T. 17 nov. 1849. | 0. 50 |
| sur lest — repartant sur lest.......... | L. 2 juillet 1836, T. 17 nov. 1849, D. 1er mars 1850. | 1. 00 *par tonneau.* | | | | |
| — ayant déjà acquitté les droits dans un autre port français. | T. 17 nov. 1849, D. 1er mars 1850. | Exempts. | T. 17 nov. 1849, D. 1er mars 1850. | Exempts. | D. 21 germ. an XI. | Exempts. |
| — dans tout autre cas (a)...... | T. 17 nov. 1849, D. 1er mars 1850. | 2. 20 | T. 17 nov. 1849, D. 1er mars 1850. | Exempts. | L. 27 vend. an 11, T. 17 nov. 1849. | 0. 50 |
| en relâche forcée, *de quelque lieu qu'ils viennent* (41). | A. 26 ventôse an 11, T. 17 nov. 1849, D. 1er mars 1850. | Exempts. | Idem. | Exempts. | D. 21 germ. an XI. | Exempts. |
| **Sardes** (42) — venant des possessions britanniques en Europe, *autrement qu'en relâche forcée* (43).......... | L. 2 juillet 1836, T. 28 août 1843 et 1er mai 1850. | 1. 00 | D. M. 19 brum. an X.<br>L. 27 vendém. an 11, T. 28 août 1843 et 1er mai 1850. | De 5 tonneaux et au-dessous.... Exempts.<br>De 5 tonn. exclus' à 150 t. inclus'. 2. 00<br>De 150 t. exclus' à 300 t. inclus'. 6. 00<br>De plus de 300 tonneaux.... 15. 00 | L. 27 vend. an 11, T. 28 août 1843 et 1er mai 1850. | 0. 50 |
| venant d'ailleurs et dans tous les cas de relâche forcée (7).......... | T. 28 août 1843 et 1er mai 1850. L. 9 juin 1845 et 18 novemb. 1850. | Exempts. | T. 28 août 1843 et 1er mai 1850. L. 9 juin 1845 et 15 novemb. 1850. | Exempts. | T. 28 août 1843 et 1er mai 1850. L. 9 juin 1845 et 15 nov. 1850. | Exempts. |

(a) Le droit de 2 francs 20 centimes n'est exigible qu'une seule fois dans le cours de la même année (se reporter à la note (30), page 99).

| DÉSIGNATION DES NAVIRES. | DROIT DE TONNAGE (5). | | DROIT D'EXPÉDITION (55). | | DROIT D'ACQUIT (55). | |
|---|---|---|---|---|---|---|
| | TITRES de perception. | QUOTITÉ du droit. | TITRES de perception. | QUOTITÉ du droit. | TITRES de perception. | QUOTITÉ du droit. |
| | | *par tonneau.* | | *par navire.* | | *par acte.* |
| **Brésiliens (44)** — venant des possessions britanniques en Europe, autrement qu'en *relâche forcée* (43) . . . . . . | T. 8 janvier 1826, L. 2 juillet 1836. | fr. c. 1. 00 | D. M. 14 brum. an X. ; L. 27 vendém. an II, T. 8 janvier 1826. | De 5 tonneaux et au-dessous . . . Exempts. ; De 6 tonn. exclus. à 150 t. inclus. 2f 00c ; De 150 t. exclus. à 300 t. inclus. 6. 00 ; De plus de 300 tonneaux . . . 15. 00 | L. 27 vend. an II, T. 8 janv. 1826. | fr. c. 0. 50 |
| **Brésiliens (44)** — dans tout autre cas . . . . . . | T. 8 janvier 1826, D. M. 10 mai 1820. | Exempts. | T. 8 janvier 1826. | Exempts. | T. 8 janv. 1826. | Exempts. |
| **Navires des pays qui ont un traité de navigation avec la France (Suite)** — Boliviens (45) et (46) . . . . . . | T. 3 décembre 1834. | | | | | |
| De l'Uruguay (45) et (47) . . . . . . | T. 8 avril 1836. | | | | | |
| Mexicains (45) et (48) . . . . . . | T. 9 mars 1839. | | | | | |
| Vénézuéliens (45) et (49) . . . . . . | T. 10 mars 1843. | | — Même régime que les navires Brésiliens, *selon la provenance.* | | | |
| Équatoriens (45) et (50) . . . . . . | T. 6 juin 1843. | | | | | |
| Grenadins (*Nouvelle-Grenade*) (45) et (51) . . . . . . | T. 28 octobre 1844. | | | | | |
| Guatémaliens (45) et (50) . . . . . . | T. 8 mars 1848. | | | | | |
| de Costa-Rica (45) et (50) . . . . . . | T. 14 mars 1848. | | | | | |
| **pour le cas de relâche forcée seulement (52)** — Portugais, *de quelque lieu qu'ils viennent* . . . . . . | D. M. 2 juillet 1835. | | | | | |
| Mecklembourgeois . . . . *idem* . . . . | T. 19 juillet 1836. | | | | | |
| Autrichiens . . . . *idem* . . . . | T. 21 et 31 mai 1841. | | | | | |
| des Villes anséatiques (53), *idem* . . . . | T. 6 et 5 févr. 1845. | Exempts. | D. 13 pluviôse an II. | Exempts. | D. 22 germ. an II. | Exempts. |
| Toscans . . . . *idem* . . . . | T. 16 février 1843. | | | | | |
| Napolitains . . . . *idem* . . . . | T. 14 juin 1845. | | | | | |
| Prussiens . . . . *idem* . . . . | D. M. 11 mai 1819. | | | | | |
| **Suédois et Norwégiens** *allant de l'étranger à l'étranger* (54) — chargés . . . . | D. M. 4 août 1828 et 13 mai 1819. | 0. 50 | D. M. 15 brum. an X. ; L. 27 vendém. an II. | De 5 tonneaux et au-dessous . . . Exempts. ; De 5 tonn. exclus. à 200 t. inclus. 18. 00 ; De plus de 200 tonneaux . . . 36. 00 | L. 27 vend. an II. | 1. 00 |
| sur lest . . . . | *idem.* | 0. 25 | | | | |

| DÉSIGNATION DES NAVIRES. | | | | TITRES de perception. | QUOTITÉ du droit. |
|---|---|---|---|---|---|
| | | | | | par acte. fr. c. |
| Navires français (58) | dans tous autres cas que ceux indiqués ci-dessous.. | de 3o tonneaux et au-dessus............ | | L. 27 vendémiaire an 11. | 6. 00 |
| | | au-dessous de 3o tonneaux...... | pontés.......... | Idem. | 3. 00 |
| | | | non pontés...... | Idem. | 1. 00 |
| | faisant la pêche sur les côtes de France........... | de 5o tonneaux et au-dessus............ | | Idem. | 6. 00 |
| | | de 5o tonneaux exclusivement à 3o tonneaux inclusivement. | | L. 27 vendémiaire an 11, D. M. 15 octobre 1827. | 3. 00 |
| | | au-dessous de 3o tonneaux...... | pontés.......... | L. 27 vendémiaire an 11. | 3. 00 |
| | | | non pontés...... | Idem. | 1. 00 |
| | naviguant en rivière, sans emprunt de la mer, ou dans l'intérieur d'une même rade, quel que soit leur tonnage. | | | D. 10 juin 1829, (Circ. n° 1168.) D. 9 juillet 1829. | |
| | Chaloupes des pilotes lamaneurs.................... | | | D. M. 24 décemb. 1836, (Circ. n° 1598.) | Exempts. (59) |
| | Embarcations de 2 tonneaux et au-dessous...... | servant uniquement à la pêche des huîtres.......... | | D. 7 mars 1842. | |
| | | employées sur la côte à l'usage personnel des propriétaires. | | D. 2 juin 1842. | |

# DROIT DE PASSE-PORT.

| DÉSIGNATION DES NAVIRES. | TITRES de perception. | QUOTITÉ du droit. |
|---|---|---|
| | | par acte. fr. c. |
| Navires étrangers, de tout tonnage et de tous pavillons (6o)................ | L. 27 vendémiaire an 11. | 1. 00 |

| DÉSIGNATION DES NAVIRES | DROIT DE PERMIS (64). | | DROIT DE CERTIFICAT (65). | |
|---|---|---|---|---|
| | TITRES de perception. | QUOTITÉ du droit. | TITRES de perception. | QUOTITÉ du droit. |
| | | *par acte.* | | *par acte.* |
| **Navires français** — venant d'un port de France ou des possessions françaises d'outre-mer, ou allant à l'une ou à l'autre de ces destinations (62) ............ | L. 6 mai 1841. | Exempts. | | |
| venant de l'étranger ou y allant, *sauf les exceptions indiquées ci-dessous* ............ | L. 27 vendémiaire an II. | 0. 50 | L. 27 vendémiaire an II. | fr. c. 0. 50 |
| Provisions de bord (63) ............ | D. 13 thermidor an 9. | | | |
| Effets des marins et ustensiles de pêche (64) ............ | D. 16 novembre 1827. | | | |
| Effets de voyageurs ............ | D. 10 avril 1839. | | | |
| Produits de la pêche faite sur les côtes (65) ............ | D. 10 mars 1809. | Exempts. | | |
| Marchandises transbordées (66) ............ | D. 18 prairial an VII. | | | |
| Marchandises débarquées d'un navire qui ne peut sortir du port (67) ............ | | | | |
| Marchandises provenant de prises (68) ............ | A. 1 prairial an XI. | | | |
| Cargaisons provenant de naufrages ou d'épaves (69) ............ | D. 15 septembre 1848. | | | |
| Marchandises débarquées ou embarquées à Marseille ............ | D. 10 septembre 1817. | Exemptes. | O. 10 septembre 1817. | Exemptes. |
| **Navires étrangers, de tous pavillons.** — des pays qui n'ont pas de traité de navigation avec la France, *sauf les exceptions indiquées ci-dessous* ............ | L. 27 vendémiaire an II. | 1. 00 | L. 27 vendémiaire an II. | 1. 00 |
| Cargaisons des navires admis à faire le cabotage (70) ............ | A. 17 thermidor an III. | | | |
| Effets de voyageurs ............ | D. 20 avril 1826. | | | |
| Effets de marins français morts en mer ............ | D. 14 juillet 1826. | | | |
| Marchandises transbordées (66) ............ | D. 18 prairial an VII. | Exempts. | | |
| Marchandises débarquées d'un navire qui ne peut sortir du port (67) ............ | | | | |
| Cargaisons provenant de naufrages ou d'épaves (69) ............ | D. 12 septembre 1835. | | | |
| Marchandises débarquées ou embarquées à Marseille ............ | D. 10 septembre 1817. | Exemptes. | O. 10 septembre 1817. | Exemptes. |
| des pays qui ont un traité de navigation avec la France. — *Voir d'autre part.* | | | | |

| DÉSIGNATION DES NAVIRES. | DROIT DE PERMIS (9.) | | DROIT DE CERTIFICAT (13.) | |
|---|---|---|---|---|
| | TITRES de perception. | QUOTITÉ du droit. | TITRES de perception. | QUOTITÉ du droit. |
| | | par acte. | | par acte. |
| | | fr. c. | | fr. c. |
| **Espagnols** (71) | T. 15 août 1761, L. 27 vendémiaire an 11. | 0. 50 | T. 15 août 1761, L. 27 vendémiaire an 11. | 0. 50 |
| **Américains** (*États-Unis*) | L. 27 vendémiaire an 11, T. 24 juin 1822. | 0. 50 | L. 27 vendémiaire an 11, T. 21 juin 1822. | 0. 50 |
| **Anglais** — Smogleurs (72) | L. 27 vendémiaire an 11. | 1. 00 | L. 27 vendémiaire an 11. | 1. 00 |
| autres — venant des possessions britanniques en Europe ou y allant | L. 27 vendémiaire an 11, T. 26 janvier 1826. | 0. 50 | L. 27 vendémiaire an 11, T. 26 janvier 1826. | 0. 50 |
| venant d'ailleurs | L. 27 vendémiaire an 11. | 1. 00 | L. 27 vendémiaire an 11. | 1. 00 |
| **Danois** | L. 27 vendémiaire an 11, T. 9 février 1842. | 0. 50 | L. 27 vendémiaire an 11, T. 9 février 1842. | 0. 50 |
| **Russes** — venant de tous ports russes, *autres que ceux de la mer Noire ou de la mer d'Azoff*, ou y allant | L. 27 vendémiaire an 11, T. 16 septembre 1846. | 0. 50 | L. 27 vendémiaire an 11, T. 16 septembre 1846. | 0. 50 |
| dans tout autre cas | L. 27 vendémiaire an 11. | 1. 00 | L. 27 vendémiaire an 11. | 1. 00 |
| **Néerlandais** — venant des ports des Pays-Bas ou y allant | L. 27 vendémiaire an 11, T. 25 juillet 1840. | 0. 50 | L. 27 vendémiaire an 11, T. 25 juillet 1840. | 0. 50 |
| dans tout autre cas | L. 27 vendémiaire an 11. | 1. 00 | L. 27 vendémiaire an 11. | 1. 00 |
| **Belges** — venant de Belgique ou y allant | L. 27 vendémiaire an 11, T. 17 novembre 1849. | 0. 50 | L. 27 vendémiaire an 11, T. 17 novembre 1849. | 0. 50 |
| dans tout autre cas | L. 27 vendémiaire an 11. | 1. 00 | L. 27 vendémiaire an 11. | 1. 00 |
| **Sardes** | L. 27 vendémiaire an 11, T. 26 août 1833 et 1er mai 1850. | 0. 50 | L. 27 vendémiaire an 11, T. 28 août 1833 et 1er mai 1850. | 0. 50 |
| **Brésiliens** | L. 27 vendémiaire an 11, T. 8 janvier 1846. | 0. 50 | L. 27 vendémiaire an 11, T. 8 janvier 1846. | 0. 50 |
| **Boliviens** | L. 27 vendémiaire an 11, T. 5 décembre 1834. | 0. 50 | L. 27 vendémiaire an 11, T. 9 décembre 1834. | 0. 50 |
| **de l'Uruguay** | L. 27 vendémiaire an 11, T. 8 avril 1839. | 0. 50 | L. 27 vendémiaire an 11, T. 8 avril 1839. | 0. 50 |
| **Mexicains** | L. 27 vendémiaire an 11, T. 9 mars 1839. | 0. 50 | L. 27 vendémiaire an 11, T. 9 mars 1839. | 0. 50 |
| **Vénézuéliens** | L. 27 vendémiaire an 11, T. 25 mars 1843. | 0. 50 | L. 27 vendémiaire an 11, T. 25 mars 1843. | 0. 50 |
| **Equatoriens** | L. 27 vendémiaire an 11, T. 6 juin 1843. | 0. 50 | L. 27 vendémiaire an 11, T. 6 juin 1843. | 0. 50 |
| **Grenadins** (*Nouvelle-Grenade*) | L. 27 vendémiaire an 11, T. 28 octobre 1844. | 0. 50 | L. 27 vendémiaire an 11, T. 28 octobre 1844. | 0. 50 |
| **Guatémaliens** | L. 27 vendémiaire an 11, T. 8 mars 1848. | 0. 50 | L. 27 vendémiaire an 11, T. 8 mars 1848. | 0. 50 |
| **de Costa-Rica** | L. 27 vendémiaire an 11, T. 12 mars 1848. | 0. 50 | L. 27 vendémiaire an 11, T. 12 mars 1848. | 0. 50 |

*Row-label group brace:* **NAVIRES des pays qui ont un traité de navigation avec la France**

# NOTES EXPLICATIVES

DU

## TABLEAU DES DROITS.

---

### DROIT DE FRANCISATION

(1) La contenance du navire, constatée par le certificat de jauge de la douane, sert de base pour la liquidation du droit de francisation. Il n'est dû aucune taxe supplémentaire, si cette contenance *légale* éprouve plus tard des modifications par suite de changements apportés au corps du navire (*Décision du 31 juillet 1834*).

Il y a dispense de francisation et, par conséquent, exemption du droit :

1° Pour les canots et chaloupes dépendant des navires francisés (*Circulaire n° 1132*) ;

2° Pour les canots de 2 tonneaux et au-dessous appartenant à des habitants voisins de la côte qui ne s'en servent que pour leur usage personnel et celui de leur famille, et à la condition de s'abstenir de tout transport de marchandises (*Même circulaire*) ;

3° Pour les embarcations dont la contenance n'excède pas non plus 2 tonneaux, qui sont employées à la pêche du poisson que l'on consomme frais, ou à la récolte du varech (*Décision du 2 juin 1832*) ;

4° Pour les navires de tout tonnage affectés à la navigation exclusive des fleuves ou des rivières, et qui ne dépassent pas le dernier port situé à leur embouchure dans la mer (*Décision du 27 frimaire an III*).

Voir, d'ailleurs, les *Observations préliminaires*, page 7.

### DROIT DE TONNAGE.

(2) La liquidation du droit de tonnage, pour les navires français, s'établit d'après la contenance indiquée dans l'acte de francisation, à moins qu'une opération de jauge, à laquelle on aurait jugé utile de procéder au port d'arrivée, n'ait fait reconnaître un tonnage sensiblement supérieur à celui mentionné sur cet acte. Dans ce dernier cas, et seulement s'il y avait lieu à une nouvelle perception, elle devrait être calculée sur le tonnage effectivement reconnu. L'erreur serait d'ailleurs rectifiée dans la forme prescrite par la circulaire n° 1387.

À l'égard des navires étrangers, les capitaines ne sont pas tenus de faire des déclarations de tonnage. La liquidation et la perception des droits s'effectuent d'après la jauge constatée par les employés du port d'arrivée, sauf en ce qui touche les navires des États-Unis d'Amérique. —Voir, à l'égard de ceux-ci, la *note* (31) *page* 27 ; voir aussi, relativement aux navires Belges, la *note* (40) *page* 29.

Lorsque le navire vient directement d'un autre port de France avec une expédition énonçant le tonnage d'après lequel il a déjà payé des droits de navigation, on peut, en général, se dispenser de l'assujettir à une nouvelle vérification, et percevoir la taxe d'après la contenance mentionnée sur cette même expédition (*Circulaires n° 790 et 1117*).

Cependant, lorsque le chef du service local juge à propos de faire procéder à un nouveau jaugeage, et que cette opération donne pour résultat une contenance *sensiblement* plus forte que celle constatée dans le port de prime abord, on doit, au port de seconde arrivée, établir la perception sur la contenance reconnue en dernier lieu ; les excédants de tonnage ainsi constatés doivent, en outre, être portés immédiatement à la connaissance de l'Administration *(Circulaires nᵒˢ 1117 et 1883)*.

En cas de rectification du tonnage des navires, soit français, soit étrangers, il n'y a point de répétition de droit à exercer par rapport aux perceptions faites antérieurement *(Circulaire nᵒ 1883)*.

Dans tous les cas où il y a dispense des droits de tonnage, les réparations que subissent les navires *(français ou étrangers)* ne les privent pas du bénéfice de cette immunité *(Décision du Ministre des finances, du 12 septembre 1825. — Circulaire nᵒ 943)*.

Voir aussi, pour ce qui concerne le droit de tonnage, les *Observations préliminaires*, page 8.

### NAVIRES FRANÇAIS VENANT DES POSSESSIONS BRITANNIQUES, ETC

(3) Le droit de 1 franc par tonneau *(1 franc 10 cent. avec le décime)* n'est exigible qu'au port de prime abord; si le navire se rend ensuite, avec tout ou partie de sa cargaison, dans un autre port de France, il est affranchi du droit de tonnage comme effectuant une opération de cabotage. La quittance délivrée au premier port reste alors déposée à la douane du port de deuxième escale. Mais, quand le capitaine en fait la demande, on lui remet, sans frais et en exemption du prix du timbre, un duplicata (a) certifié de ladite quittance *(Décisions des 18 juillet 1840 et 30 octobre 1841)*.

Les bateaux pêcheurs français qui font la pêche *au large des côtes d'Angleterre* ne sont pas passibles du droit de tonnage *(Décision du 7 septembre 1839)*.

### PAQUEBOTS AFFECTÉS AU TRANSPORT DES VOYAGEURS.

(4) Aux termes d'une décision du Ministre des finances, en date du 13 mars 1832, les paquebots servant exclusivement au transport des voyageurs et de leurs effets ne payent les droits de tonnage qu'à raison d'*un tonneau par chaque passager* qu'ils ont à bord. Mais ces droits sont exigibles *pour le tonnage entier*, 1ᵒ si le nombre des passagers égale ou dépasse celui des tonneaux constaté par la jauge; 2ᵒ si ce nombre est reconnu excéder celui qui a été déclaré en douane, ou si l'on acquiert la preuve du débarquement d'un ou plusieurs voyageurs non compris dans la déclaration; 3ᵒ si le paquebot, après n'avoir amené que des passagers, repart avec des marchandises *(Circulaire nᵒ 1311)*.

Le nombre des passagers *à l'arrivée* sert seul de base pour la perception des droits. Ceux pris au départ ne sont pas comptés *(Décision du Ministre des finances, du 27 juin 1832)*. Par suite, le paquebot qui vient *sur lest* chercher des voyageurs ne paye aucun droit de tonnage *(Décision du 30 juin 1832)*.

Chaque enfant, quel que soit son âge, compte pour un passager *(Décision du 5 juillet 1832)*.

*Ne font pas obstacle à l'application de la décision ministérielle du 13 mars 1832 les transports par les paquebots:*

1ᵒ Des voitures et des chevaux; seulement on perçoit le droit de tonnage à raison de 2 tonneaux pour chaque cheval, de 3 tonneaux pour une voiture à deux roues, et de 4 tonneaux pour chaque voiture à plus de deux roues *(Circulaire nᵒ 1604)*;

2ᵒ Des chiens de chasse ou autres. Ceux qui accompagnent isolément les voyageurs ne donnent lieu à aucune perception supplémentaire; mais, s'il s'agissait d'une meute, chaque chien entraînerait la perception d'un droit de tonnage calculé à raison d'un quart de tonneau *(Décision du 21 juin 1841)*;

3ᵒ Des dépêches diplomatiques *(Décision du 30 juin 1832)* et même des dépêches du commerce; mais, à l'égard de celles-ci, le service doit toujours s'assurer qu'elles ne sont point embarquées en contravention aux règlements de l'Administration des postes *(Décision du 23 juin 1847)*;

4ᵒ Des espèces monnayées et des matières d'or ou d'argent en lingots *(Circulaire nᵒ 1513)*;

5ᵒ De la houille nécessaire au paquebot pour sa navigation *(Circulaire manuscrite du 16 mai 1836)*;

6ᵒ Des petites quantités de thé chargées à titre de provision de bord, à la condition expresse que ce thé ait été nationalisé par le payement des droits; autrement il y aurait lieu d'exiger le payement du droit de tonnage sur la contenance intégrale du paquebot *(Décision du Ministre des finances, du 21 juin 1832)*;

7ᵒ Des simples provisions, effets à usage, meubles et articles de mode ou de fantaisie que les voyageurs ont avec eux,

---

(a) Ces duplicata sont délivrés sur des formules extraites du *registre de recette des droits de navigation*. On doit avoir soin, en pareil cas, d'indiquer à la souche le motif du retrait du volant.

quand il s'agit d'objets exclusivement à leur usage personnel et appartenant à des personnes arrivées par le même paquebot *(Décision du 31 juillet 1832)*;

8° Des marchandises qui se trouvent confondues avec les bagages des voyageurs, pourvu qu'elles soient réexpédiées immédiatement et directement pour l'étranger, et que rien, dans le fait de leur importation, ne soit de nature à faire croire à une tentative de fraude. Si c'est après le départ du paquebot que ces marchandises sont découvertes parmi les bagages, il y a lieu également d'exiger qu'elles soient réexportées dans un court délai, et au plus tard, lors du plus prochain voyage du navire importateur, sous peine du payement des droits sur l'intégralité du tonnage *(Décisions des 30 août et 5 décembre 1837)*;

9° Des échantillons et petits paquets de marchandises, dont le poids n'excède pas 6 kilogrammes 25 décagrammes *(Décision du Ministre des finances du 9 février 1850. — Circulaire n° 2367)*.

Les paquebots jouissent d'ailleurs, sous le rapport des droits de navigation, des immunités accordées aux autres bâtiments de mer, lorsqu'ils se trouvent dans les conditions auxquelles l'application de ces immunités est subordonnée.

### NAVIRES FRÉTÉS POUR LE COMPTE DE L'ÉTAT, ETC.

(5) Les seuls bâtiments frétés pour le compte de l'État qui soient, à ce titre, exempts du droit de tonnage, sont ceux dont l'équipage est *nourri et soldé par le Gouvernement (Décisions ministérielles des 17 brumaire an v et 6 pluviôse an VII)*. Pour l'obtention de la franchise, il est nécessaire, en pareil cas, que les capitaines représentent, 1° l'ordre spécial de service indiquant le lieu d'où ils partent et où ils prennent leur chargement; 2° une facture signée des administrateurs des ports, sur laquelle sont désignées la nature et la destination de ce chargement *(Circulaire n° 520)*.

L'immunité des droits est applicable aux paquebots de l'Administration des postes faisant le service des dépêches de Calais à Douvres, lors même qu'ils transportent en même temps des voyageurs avec leurs voitures, chevaux et bagages ou bien des échantillons ou paquets de marchandises dont le poids n'excède pas 6 kilogrammes 25 décagrammes *(Décisions du Ministre des finances, des 27 juin et 22 juillet 1826 et 9 février 1850. — Circulaire n° 2367)*.

Elle s'étend également aux bâtiments de l'État ou frétés pour le compte de l'État que les Gouvernements de la France et de la Grande-Bretagne emploient au transport des correspondances entre les deux pays *(Convention postale du 3 avril 1843. — Décision du 20 juin suivant)*.

Ne jouissent pas de l'exemption des droits les navires simplement frétés pour le compte du Gouvernement à tant par tonneau, et dont l'équipage est entretenu par des armateurs particuliers. Seulement, si le capitaine n'est point en mesure de payer les droits de tonnage, le chef civil ou militaire qui a affrété le bâtiment peut être admis à fournir pour ce capitaine, à la responsabilité duquel il se substitue alors, une soumission en due forme de les acquitter à la fin du mois au bureau des douanes *(Circulaire du 21 prairial an IV)*.

Tout navire frété pour le compte de l'État, à bord duquel seraient chargées, par supplément, *des marchandises de commerce (sauf l'exception mentionnée au paragraphe 2 de la présente note)*, perdrait, par ce fait, tous droits à la franchise des taxes de tonnage *(Circulaire n° 520)*.

### NAVIRES PARLEMENTAIRES.

(6) Un parlementaire perd son titre à l'immunité lorsqu'il a à bord des marchandises ou s'il amène des passagers, à moins que ce ne soient des prisonniers *(Décision du Ministre des finances du 8 vendémiaire an x)* ou des individus dont les frais de passage sont à la charge du Gouvernement *(Décision du 14 pluviôse an XII)*. Mais le navire parlementaire peut, sans cesser d'avoir droit à la franchise, prendre au retour des marchandises ou des passagers *(Décision du 3 nivôse an x)*.

### NAVIRES FRANÇAIS EN RELÂCHE FORCÉE.

(7) Aux termes de l'article 1er du titre VI de la loi du 22 août 1791, le capitaine de tout navire qui entre dans un port de France *en relâche forcée* est tenu de justifier par un rapport, dans les vingt-quatre heures de son arrivée,

des causes de cette relâche. Les employés des douanes ont, de leur côté, le droit de procéder à l'interrogatoire des gens de l'équipage, afin de constater, contradictoirement avec le rapport du capitaine, la réalité des causes de la relâche (*Loi du 4 germinal an II, titre II, article 11*). Mais il leur est recommandé de n'user de cette faculté qu'en cas de suspicion de fraude. — Voir, à cet égard, le quatrième paragraphe de la *Circulaire n° 1694*.

Si le navire se rend dans un autre port de France, on doit mentionner sur le congé, dont le capitaine est porteur, que, la relâche n'ayant été suivie d'aucune opération de commerce, les droits de navigation n'ont pas été perçus (*Circulaire manuscrite du 14 avril 1835*).

Ainsi que l'explique la Circulaire n° 1333, l'immunité doit être refusée, si la relâche donne lieu à une opération commerciale quelconque. Toutefois, on ne considère pas comme *opérations de commerce* les déchargemens et rechargemens motivés par l'obligation de réparer le navire (*Circulaire n° 1694*). Mais il en serait autrement si le navire embarquait d'autres marchandises que celles qui ont été mises à terre, ou s'il ne remportait pas toutes celles-ci.

Le navire qui est dépecé au port de relâche jouit de l'immunité quand la cargaison entière est transportée au port de destination (*Décision du 25 septembre 1835*).

### NAVIRES ÉCHOUÉS ET ABANDONNÉS.

(8) Le sauvetage de la cargaison ne prive pas de l'immunité (*Décision du 7 frimaire an III*).

Le navire qui, après avoir échoué sur la côte, reprend la mer sans entrer dans un port, ne doit pas le droit de tonnage, lors même qu'il ne remporte pas la totalité de sa cargaison (*Décision du 22 avril 1839*).

L'exemption du droit de tonnage est acquise à tout navire *abandonné* par suite d'échouement, lors même qu'il est conduit dans un port et que tout ou partie de sa cargaison est vendu pour la consommation intérieure (*Décision du 11 juin 1842*).

On doit considérer comme *abandonné*, dans le sens de la loi, et, par conséquent, affranchir du droit de tonnage : 1° le navire échoué qui, après avoir été remis à flot, est vendu pour être dépecé (*Décision du 23 août 1842*); 2° le navire qui, après avoir effectué son débarquement dans un port, y est délaissé et vendu pour être dépecé (*Décision du 10 octobre 1844*).

Le navire détruit par un incendie, après le débarquement de sa cargaison au port de destination, est affranchi du droit de tonnage (*Décision du Ministre des finances, du 2 décembre 1842*).

### NAVIRES D'ÉPAVES.

(9) L'immunité est acquise, soit que le sauvetage ait lieu sur les côtes, soit qu'il s'effectue en pleine mer (*Décision du 1er février 1841*).

Le sauvetage de la cargaison ne prive pas le navire de l'exemption du droit de tonnage (*Circulaire n° 1333*).

Un navire français ou étranger, abandonné en mer par son équipage et sauvé par des pêcheurs ou des marins français, doit être affranchi du droit de tonnage, bien qu'il soit conduit dans un port de France et rendu à son propriétaire, après avoir débarqué tout ou partie de sa cargaison (*Décision du 11 juin 1844*).

### NAVIRES VENANT sur lest CHARGER DU SEL, ETC.

(10) L'existence, à bord de ces navires, de marchandises qui ne forment pas le 20° de leur tonnage, ne les prive pas de l'immunité accordée aux bâtimens *sur lest*, et n'entraîne le payement du droit que pour un nombre de tonneaux égal à la place qu'elles occupent; mais si les marchandises dépassent cette proportion, le droit intégral est dû. Les cargaisons de sel doivent être réputées complètes lorsqu'elles équivalent aux 14/15° de la capacité du navire. Toutefois, si l'autre 15° est, en totalité ou en partie, rempli par d'autres marchandises, le droit se perçoit au prorata de la place qu'occupent celles-ci. Lorsque le sel chargé à bord d'un navire ne représente pas les 14/15° de sa capacité, le le droit est exigible, sans défalcation du 15° de tolérance, pour toute la partie du tonnage qui ne contient pas du sel

soit qu'elle reste vacante, soit qu'on y place d'autres objets (*Décisions ministérielles des 17 juillet 1828 et 12 janvier 1832.* — *Circulaires n°* 1113 *et* 1299).

Pour les navires dont le chargement consiste en sel, le tonneau de mer est représenté par 1,000 kilogrammes de cette denrée (*Décision du 31 octobre 1840*).

Voir, à l'égard des navires néerlandais, la *note* (38), page 29.

### NAVIRES FRANÇAIS AYANT TRANSPORTÉ DU SEL EN ANGLETERRE, ETC.

(11) L'immunité n'est acquise qu'autant qu'il est justifié que le sel exporté provenait de France et qu'il en a été expédié à destination *directe* de la Grande-Bretagne. Cette justification s'établit par la représentation des connaissements et de la quittance du droit de sortie des sels (*Circulaire n°* 1144 *et Décision du 16 janvier* 1837).

### NAVIRES FRANÇAIS RAPPORTANT LES CARGAISONS D'AUTRES NAVIRES FRANÇAIS, ETC.

(12) L'exemption du droit de tonnage n'est accordée, en pareil cas, qu'à la condition que le navire se soit rendu directement au lieu du naufrage et qu'il n'ait rapporté que les seules marchandises provenant du bâtiment naufragé.

### PAQUEBOTS ÉTRANGERS SERVANT AU TRANSPORT DES VOYAGEURS, ETC.

(13) Le droit à percevoir est celui qui affecte le pavillon du paquebot, selon que le pays auquel il appartient a ou non un traité de navigation avec la France. Il existe, pour les paquebots *Danois et Belges*, un régime particulier, que l'on trouvera indiqué au *Tableau des droits*, pages 14 *et* 16.

Voir, d'ailleurs, la *note* (4), dont les dispositions sont, en tous points, applicables aux paquebots étrangers comme aux paquebots français.

### YACHTS DE PLAISANCE.

(14) Pour que l'immunité attribuée aux yachts *de plaisance* reçoive son application, il faut, 1° que les embarcations à l'égard desquelles elle est réclamée, figurent sur une des listes que chacune des sociétés dites *yacht clubs* doit remettre annuellement à l'Administration; 2° que l'on produise, en outre, un certificat du secrétaire de la société à laquelle le yacht est déclaré appartenir; 3° que ces embarcations ne fassent aucune opération de commerce; 4° enfin qu'elles remmènent toutes les personnes qu'elles avaient à bord au moment de leur arrivée. A défaut de l'accomplissement de ces diverses conditions, les yachts doivent être soumis, en ce qui touche les droits de navigation, aux régles générales indiquées par le Tarif. — Voir, d'ailleurs, pour l'objet, les *Circulaires n°* 616 *et* 688.

Les yachts ou navires d'agrément appartenant à des individus *isolés* ne participent pas à la même immunité, à moins d'une autorisation expresse et spéciale émanant de l'Administration.

### NAVIRES EMPLOYÉS COMME ALLÉGES.

(15) L'exemption de droit dont jouissent les *alléges* ne s'applique qu'aux embarcations qui servent à transporter dans un même port ou dans une même rivière des marchandises prises à bord d'un navire qui a lui-même acquitté le droit de tonnage dans les cas où il est dû (*Décision ministérielle du 25 mars 1806 et Circulaire du 28*).

Les navires étrangers ne doivent être employés comme alléges qu'en cas d'urgence (*Circulaire n°* 1333).

### NAVIRES PROVENANT DE PRISES.

(16) L'immunité demeure acquise lors même que le navire ne serait pas déclaré de bonne prise, pourvu qu'il n'y ait eu ni achat ni vente de marchandises (*Circulaire n°* 1333).

### NAVIRES ÉTRANGERS ADMIS A FAIRE LE CABOTAGE.

(17) Le navire étranger qui, en vertu d'une autorisation spéciale, vient *sur lest* prendre un chargement pour un autre port de France, est, à son arrivée, traité comme français, quel que soit son point de départ; mais si, au lieu

d'être *sur lest*, le navire arrive de l'étranger avec une cargaison quelconque, il est passible du droit afférent à son pavillon *(Décision ministérielle du 22 pluviôse an VII; Circulaire du 25)*. Ce dernier droit est également dû, tant par les navires sur lest que par les navires chargés, si l'autorisation de cabotage n'est donnée qu'après leur entrée dans le port.

### NAVIRES VENANT D'UN AUTRE PORT DE FRANCE POUR OPÉRER OU COMPLÉTER LEUR CHARGEMENT.

(18) Pour être affranchi, en pareil cas, des droits de navigation, il faut justifier du payement de ces droits au port de prime-abord *(Circulaire n° 1371)*, ou, si ce port est celui de Marseille, prouver qu'on y a débarqué ou embarqué des marchandises d'un encombrement supérieur au dixième du tonnage du navire. Ce dixième peut être formé *cumulativement* de marchandises débarquées et de marchandises embarquées. Le droit serait dû, nonobstant ces justifications, si l'on effectuait un déchargement quelconque dans les ports secondaires *(Circulaire n° 1289. — Décision du 15 mars 1841)*.

La quittance délivrée au port de prime-abord doit être déposée à la douane du port de seconde escale; mais, lorsque le capitaine le demande, on lui en remet un duplicata sans frais et en exemption du prix du timbre [a] *(Décision du 11 février 1835)*.

Le navire qui débarque des futailles vides et qui rembarque intégralement *les mêmes* futailles, après qu'elles ont été remplies, ne fait pas un déchargement proprement dit et conserve ses titres à l'immunité *(Décision du 15 juillet 1836)*.

Le navire venant *sur lest* d'un autre port de France, avec un passe-port indiquant *l'étranger* pour destination, jouit de l'immunité s'il résulte de ses autres papiers de bord et des circonstances de la navigation qu'il a fait voile directement pour le port français où il se présente, et qu'il n'a pas touché à l'étranger *(Décision du 8 juin 1841)*.

Dans les cas prévus ci-dessus, l'exemption du droit est acquise aux navires, même lorsqu'ils ne trouvent rien à charger *(Décision du Ministre des finances, du 4 mai 1829. — Circulaire n° 1161)*.

### NAVIRES VENANT D'UN PORT DE LA MÊME RIVIÈRE OU DE LA MÊME RADE.

(19) Le trajet d'un port en rivière à un autre port situé dans une autre rivière, en empruntant la mer, donne ouverture au droit *(Décision ministérielle du 11 fructidor an V)*.

### NAVIRES VENANT sur lest, etc. CHARGER DES HUITRES DANS LES PORTS DE LA MANCHE.

(20) Le droit de 1 franc 25 centimes ne s'applique qu'aux navires qui se trouveraient placés dans une condition moins avantageuse par les règles générales ou particulières qui les concernent *(Décision du 28 novembre 1835)*.

### NAVIRES ÉTRANGERS EN RELACHE FORCÉE.

(21) Voir la *note* (7) dont les dispositions sont applicables aux navires étrangers aussi bien qu'aux navires français. Voir aussi, pour les immunités particulières dont jouissent, *en cas de relâche forcée*, les navires de certaines puissances, le *Tableau des droits*, pages 14 à 17.

L'exemption du droit de tonnage, pour les navires étrangers *en relâche forcée*, n'entraîne pas celle du droit de passe-port qui doit toujours être acquitté *(Décision du 1er juillet 1841)*.

(22) NAVIRES VENANT D'UN PORT DE FRANCE. — Les droits de navigation seraient dus, dans ce cas, si l'on ne fournissait pas la preuve qu'ils ont été acquittés dans le port d'où arrive le navire, ou si l'on faisait, au port de relâche, un débarquement de marchandises, lors même que celles-ci seraient atteintes d'avaries *(Circulaire n° 272 et Décision du 7 janvier 1842)*.

Pour les navires venant de Marseille, il faut que l'on justifie qu'on y a embarqué ou débarqué des marchandises d'un encombrement supérieur au dixième du tonnage du bâtiment *(Circulaire n° 1289)*. — Voir, à cet égard, la note (18).

(23) NAVIRES EXPÉDIÉS À DESTINATION D'UN AUTRE PORT DE FRANCE. — L'arrivée ultérieure au port de destination

---

[a] Voir la note [a] au bas de la page 22.

doit être assurée par un acquit-à-caution. Si le capitaine ne pouvait fournir la caution requise, les droits de navigation seraient perçus; mais on aurait soin de certifier au dos de l'acquit de payement que la relâche n'a eu lieu que par cas de force majeure et que, pendant sa durée, le bâtiment n'a opéré ni chargement ni déchargement. Au moyen de la production de cette quittance, les droits ne seraient pas exigés de nouveau au port de destination. En cas d'autres relâches forcées, avant la fin du voyage, les employés des ports où elles auraient lieu se borneraient à les constater en visant l'acquit-à-caution ou l'acquit de payement délivré au port de première relâche (*Circulaires des 3 floréal an XI, 1er frimaire an XII et 10 messidor an X*).

(24) NAVIRES JUGÉS INNAVIGABLES, *mais non abandonnés*. — Il faut, pour qu'ils jouissent de l'immunité, que leur cargaison soit réexportée intégralement (*Circulaire du 11 frimaire an XI*). Si tout ou partie de cette cargaison était mis en entrepôt, les droits de navigation devraient être perçus.

(25) NAVIRES CONTRAINTS D'EFFECTUER PLUSIEURS RELÂCHES *dans les ports de la Méditerranée*. — L'exemption de droits n'est acquise qu'autant que l'on justifie du payement de ces droits au premier port de relâche, et qu'on n'effectue, dans les ports secondaires, ni chargement ni déchargement de marchandises (*Ordonnance du 24 février 1825*).

(26) NAVIRES POURSUIVIS PAR L'ENNEMI. — Le capitaine doit, en pareil cas, s'abstenir de toute opération commerciale et reprendre la mer aussitôt que le danger est passé (*Décision du 1er ventôse an XII*).

(27) NAVIRES FAISANT LA PÊCHE. — Les bateaux pêcheurs étrangers que le mauvais temps oblige à chercher un refuge dans nos ports, en doivent repartir dès qu'il est possible de remettre à la voile, et sans faire aucun déchargement ni chargement quelconque; autrement les droits seraient dus (*Circulaire n° 142*).

## NAVIRES DES PAYS QUI ONT UN TRAITÉ DE NAVIGATION AVEC LA FRANCE.

(28) Indépendamment des immunités particulières stipulées dans les traités qui les concernent; ces navires doivent aussi jouir de toutes celles qui sont accordées, par les règlements généraux, aux navires étrangers de tous pavillons. — Voir, à cet égard, le *Tableau des droits*, page 13.

## NAVIRES ESPAGNOLS.

(29) La nationalité d'un navire espagnol s'établit au moyen d'un *passe-port royal*, signé de S. M. C. et contre-signé par son ministre de la marine. Ce passe-port, portant le nom du capitaine ou patron et celui du bâtiment, est délivré et signé au dos par le commissaire de marine du département auquel appartient la matricule ou inscription du capitaine (*Circulaire lithographiée du 29 octobre 1841*).

À défaut du passe-port royal, la douane est fondée à appliquer aux navires portant le pavillon espagnol, les règles et taxes de navigation qui affectent les bâtiments des pays avec lesquels la France n'est liée par aucune convention. Dans ce cas, les receveurs doivent en informer le consul d'Espagne de l'arrondissement, afin de le mettre à même de faire exécuter les lois de son pays, ou de poursuivre la répression des abus qui pourraient avoir lieu à la faveur d'un pavillon que les capitaines n'auraient pas le droit d'arborer (*Décision du 19 mai 1842*).

(30) NAVIRES ESPAGNOLS VENANT DES POSSESSIONS BRITANNIQUES, ETC. — C'est par assimilation aux navires français que les navires espagnols sont, dans ce cas, assujettis au droit de 1 franc par tonneau (*Décision du 26 mars 1847*).

## NAVIRES AMÉRICAINS (ÉTATS UNIS).

(31) Le droit de 5 francs par tonneau, dont sont passibles les navires des États-Unis, est affranchi du décime additionnel (*Circulaire n° 753*). Il est dû même quand le navire vient d'ailleurs que des États-Unis (*Décision du 16 octobre 1837*). Mais le capitaine qui justifie avoir payé ce droit au premier port d'arrivée en est affranchi dans les autres ports où il aborde dans le cours d'un même voyage (*Circulaire n° 1633*).

Ce droit doit être calculé d'après le nombre de tonneaux porté sur le registre du bord (*Traité du 24 juin 1822*, *article 5*). En général, les capitaines américains déposent à la douane, avec le manifeste et les autres pièces de bord, un *extrait* de leur *registre*, signé d'eux ou de leur courtier, et dans lequel se trouvent rappelés le nom du navire, celui du capitaine et la contenance du bâtiment. Cet extrait, ainsi que le registre lui-même, est remis au commis chargé de recevoir les déclarations d'entrée, lequel, après s'être assuré de leur parfaite concordance et en avoir fait mention expresse sur le registre de transcription des manifestes, les transmet au contrôleur à la navigation, qui s'assure, à son tour, de l'exactitude de l'*extrait* et le garde à l'appui de ses écritures. La production d'un *extrait* du livre de bord n'étant point rigoureusement obligatoire, on se bornerait, si l'on ne pouvait amener les capitaines à le remettre volontairement, à exiger que le *registre* fût représenté, en même temps que le manifeste, à l'employé chargé de la transcription de ce dernier acte, afin que celui-ci pût prendre note du tonnage du navire sur le registre des manifestes, puis le livre de bord serait exhibé au bureau de la navigation, où le nombre des tonneaux serait pareillement constaté, et il serait ensuite rendu au capitaine (*Circulaire manuscrite du 31 mars 1841*).

(32) Navires américains en relâche forcée. — L'immunité accordée, à titre de réciprocité, aux navires américains qui entrent en relâche dans nos ports, devrait être refusée si la nécessité de la relâche n'était pas constatée ou si elle était suivie d'une opération de commerce quelconque (*Circulaire n° 1909*). — Voir aussi la *note* (7) ci-dessus.

## NAVIRES ANGLAIS.

(33) Le droit de 1 franc par tonneau est passible du décime additionnel et doit être perçu dans chacun des ports où le navire anglais se rend pour décharger une partie de sa cargaison (*Circulaire manuscrite du 31 mars 1835*). Ce droit n'est, d'ailleurs, applicable qu'aux navires arrivant *directement* d'Angleterre ou de ses possessions en Europe. Tout navire anglais qui, parti de l'un de ces points, aurait relâché *volontairement*, pendant sa traversée, dans un port étranger n'appartenant pas au Royaume-Uni, devrait être considéré comme venant de ce dernier port et assujetti, à ce titre, au droit de 3 francs 75 centimes par tonneau, lors même que sa cargaison serait exceptionnellement admise au bénéfice du traité (*Décision du 14 août 1845*).

Les bâtiments de l'État ou frétés pour le compte de l'État, qui sont employés au transport des correspondances, sont affranchis des taxes de navigation. — Voir, à cet égard, la *note* (5), ainsi que la Convention postale du 3 avril 1843, article 7.

Voir aussi, pour l'application du traité du 26 janvier 1826, la *Circulaire n° 979*.

(34) Smogleurs. — Les navires anglais de trente tonneaux et au-dessous qui viennent dans les ports de la Manche *sur lest* ou avec des marchandises taxées à moins de 20 francs par cent kilogrammes, sont de droit réputés *smogleurs*, lors même qu'on ne les déclarerait pas tels, s'ils prennent des marchandises étrangères dans les entrepôts spéciaux du smoglage (*Circulaire n° 922 et Décisions des 9 septembre 1834 et 27 février 1836*).

Placés en dehors de la convention du 26 janvier 1826, ces smogleurs ne jouissent d'aucune des immunités résultant dudit traité (*Décision du 31 juillet 1834*).

Les navires anglais de plus de trente tonneaux, ainsi que tous les autres navires étrangers qui viennent prendre des marchandises dans les entrepôts du smoglage, doivent être soumis aux règles générales des réexportations et de la navigation (*Décision du 28 novembre 1835*).

(35) Navires anglais en relâche forcée. — Le droit de tonnage est dû si la relâche forcée n'est pas régulièrement constatée ou si elle donne lieu à une opération de commerce quelconque (*Traité du 26 janvier 1826, article 5 et Circulaire n° 1471*). — Voir aussi la *note* (7) ci-dessus.

## NAVIRES DANOIS.

(36) Les droits de tonnage exigibles des navires danois sont affranchis du décime additionnel (*Ordonnance du 2 septembre 1844 et Circulaire n° 2036*).

## NAVIRES RUSSES.

(37) L'immunité dont jouissent les navires russes, qui entrent en relâche dans nos ports, devrait être refusée, si la

nécessité de la relâche n'était pas constatée, ou si cette relâche était suivie d'une opération de commerce quelconque. On ne considère pas comme *opérations de commerce* les déchargements et rechargements motivés par l'obligation de réparer le bâtiment, pourvu que le capitaine ne prolonge pas son séjour dans le port au delà du temps nécessaire, en égard aux causes qui auront donné lieu à la relâche *(Traité du 16 septembre 1846, article 13)*.

### NAVIRES NÉERLANDAIS.

(38) Le droit de 1 franc 5 centimes par tonneau, *plus le décime*, auquel ces navires sont assujettis dans les cas prévus par le traité de 1840, se perçoit à la première *entrée* et à la première *sortie* du bâtiment, *pour tout le cours de l'année*. Ainsi, lorsqu'un capitaine néerlandais justifie, par une quittance régulière de la douane d'un port français quelconque, avoir payé pour son navire, à un premier voyage, la taxe intégrale de 2 francs 10 centimes, soit 2 francs 31 centimes avec le décime, il n'a plus à la payer pour les autres voyages qu'il peut effectuer en France avec ledit navire, *pendant la même année*, s'il se trouve dans les conditions du traité; mais si, par exemple, un navire qui a acquitté le droit de 2 francs 10 centimes arrivait plus tard, *chargé*, d'un port n'appartenant pas au royaume des Pays-Bas, la perception effectuée en premier lieu ne le dispenserait pas du payement du droit de tonnage de 3 francs 75 centimes, qui affecte les pavillons étrangers en général. — Voir, d'ailleurs, la *Circulaire* n° 1839.

Le droit de 2 francs 10 centimes, bien que s'appliquant au double fait *de l'entrée et de la sortie*, est néanmoins indivisible : il ne peut, par conséquent, être question de n'en percevoir qu'une partie, à moins que le navire pour lequel on aurait payé *le droit de 1 franc 5 centimes* à l'entrée, ne fût délaissé, abandonné ou dépecé avant de quitter le port où cette perception a eu lieu *(Circulaire n° 1859)*.

D'après ce qui a été dit plus haut, le navire néerlandais qui revient d'un port des Pays-Bas dans un port de France avant l'expiration de l'année dans laquelle il a payé le droit de 2 francs 10 centimes, c'est-à-dire avant le 31 décembre de ladite année, doit être affranchi de tout nouveau droit de tonnage, lors même qu'il ne reprendrait la mer qu'après le 31 décembre. Par le même motif, le navire néerlandais entré dans un port de France dans les derniers jours de décembre, mais qui, en vertu de l'article 12 du titre III de la loi du 4 germinal an 11, ne payerait les droits qu'à l'expiration des vingt jours de son arrivée, c'est-à-dire en janvier de l'année suivante, ne saurait se prévaloir d'une quittance qui se rapporterait à un fait accompli l'année précédente, pour se dispenser de payer le droit qui serait dû au premier voyage qu'il effectuerait dans l'année dont la quittance porterait la date. On devra donc toujours avoir le soin d'indiquer le jour de l'arrivée des navires sur les quittances délivrées dans l'année qui suit celle de leur entrée dans le port *(Décision du 5 août 1841)*.

L'exemption de droit de tonnage accordée aux navires venant *sur lest* charger du sel dans nos ports doit nécessairement profiter aux bâtiments néerlandais. Seulement, lorsqu'on réclame le bénéfice de cette disposition, le droit à percevoir sur la partie de tonnage qui ne serait pas occupée par du sel, doit être calculé à raison de 3 francs 75 centimes par tonneau, sans que, dans aucun cas, ce droit proportionnel puisse excéder le montant de la taxe applicable, en vertu du traité, à la contenance totale du navire *(Décision du 23 août 1841)*.

Les taxes de 3 francs 75 centimes et de 1 franc par tonneau, dans les cas où elles sont exigibles, doivent être perçues à chaque voyage. Le droit spécial de 2 francs 10 centimes seul ne s'acquitte qu'une fois par an, ainsi que cela est expliqué ci-dessus.

Ces différents droits sont *tous* passibles du décime additionnel.

(39) NAVIRES NÉERLANDAIS EN RELÂCHE FORCÉE. —Les droits de navigation seraient dus, si la nécessité de la relâche n'était pas régulièrement constatée, ou si cette relâche était suivie d'une opération de commerce quelconque.

Ne seront pas considérés, en cas de relâche forcée, comme opérations de commerce, le débarquement et le rechargement des marchandises pour la réparation du navire; le transbordement sur un autre navire en cas d'innavigabilité du premier; les dépenses nécessaires au ravitaillement des équipages; et la vente des marchandises avariées, lorsque l'Administration des douanes en aura donné l'autorisation *(Traité du 25 juillet 1840, article 3)*.

### NAVIRES BELGES.

(40) Le droit de 1 franc 10 centimes *pour la première entrée* dans un port français et de pareille somme *pour la première sortie*, est perçu sur les navires belges, d'après le tonnage belge, *pour tout le cours de l'année*. Il n'est pas

passible du décime additionnel. Ainsi, tout navire belge pour lequel on justifie, par la représentation d'une quittance régulière, du payement de la taxe intégrale de 2 francs 20 centimes par tonneau, n'a plus à la payer (lorsqu'il se trouve dans les conditions du traité) pour les voyages subséquents qu'il effectue en France pendant la même année. — Voir d'ailleurs, la *Circulaire* n° 2378, ainsi que la *note* (38) dont les dispositions sont, de tous points, applicables aux navires belges.

À l'exception du droit spécial de 2 francs 20 centimes, les taxes de navigation de toute sorte, exigibles des navires belges, sont passibles du décime additionnel, et elles doivent être perçues à chaque voyage effectué par le même navire, en dehors des cas prévus par le traité.

(41) NAVIRES BELGES EN RELÂCHE FORCÉE. — Voir la *note* (39) ci-dessus, relative aux navires *néerlandais*. Les dispositions qu'elle contient, sont, aux termes de l'article 10 du traité du 17 novembre 1849, pareillement applicables aux navires belges.

### NAVIRES SARDES.

(42) On ne doit considérer comme sardes que les navires qui sont pourvus d'une patente de nationalité, d'un rôle d'équipage et d'un passe-port maritime (*Traité du 28 août 1843, article 2. — Circulaire n° 2111*).

(43) NAVIRES SARDES VENANT DES POSSESSIONS BRITANNIQUES EN EUROPE. — Les navires sardes venant des possessions britanniques en Europe sont assujettis aux taxes de navigation dont les navires français sont passibles en pareil cas (*Circulaire n° 2111*).

### NAVIRES BRÉSILIENS.

(44) Sont considérés navires brésiliens ceux possédés par des sujets brésiliens et dont le capitaine et les trois quarts de l'équipage sont brésiliens; toutefois, cette dernière clause n'est pas de rigueur pourvu que le maître et le capitaine du navire soient brésiliens et que tous les papiers du bâtiment soient dans les formes légales (*Traité du 8 janvier 1826, article 13. — Circulaire n° 1014.*)

(45) NAVIRES BRÉSILIENS, BOLIVIENS, etc., VENANT DES POSSESSIONS BRITANNIQUES EN EUROPE. — En pareil cas, ces navires sont, comme les navires français auxquels ils sont assimilés, passibles du droit de 1 franc par tonneau établi par l'article 5 de la loi du 2 juillet 1836, ainsi que du droit d'expédition établi par l'article 36 de la loi du 27 vendémiaire an 11 (*Décision du 26 mars 1847*).

### NAVIRES BOLIVIENS.

(46) Sont réputés navires boliviens ceux qui appartiennent de bonne foi à un ou plusieurs citoyens de la Bolivie, et dont le capitaine et la moitié au moins de l'équipage sont également citoyens de ce pays. Les navires boliviens doivent être munis d'un passe-port, congé ou registre contenant toutes les énonciations propres à établir ces faits (*Traité du 9 décembre 1834, article 16*). — Voir aussi, pour l'application de ce traité, la *Circulaire* n° 1847.

### NAVIRES DE L'URUGUAY.

(47) Doivent être considérés comme navires de l'Uruguay ceux qui, de bonne foi, sont la propriété de citoyens de cet État, pourvu que cette propriété résulte des titres authentiques délivrés par les autorités du pays, et quelle que soit la construction (*Traité du 8 avril 1836, article 2*). — Voir aussi la *Circulaire* n° 1843.

### NAVIRES MEXICAINS.

(48) Il faut, pour qu'un navire soit considéré comme mexicain, qu'il appartienne de bonne foi à des citoyens de cet État; que le capitaine et les trois quarts de l'équipage au moins soient originaires du Mexique ou légalement naturalisés dans ce pays, et qu'il soit, de plus, muni d'un registre, passe-port ou papier de sûreté constatant les faits propres à établir ces justifications (*Circulaire n° 1777.*)

### NAVIRES VENEZUÉLIENS.

(49) Sont considérés comme vénézuéliens les navires qui naviguent sous le pavillon de Venezuela et qui sont per-

teurs de papiers de bord et des documents exigés par les lois de cet État pour la justification de la nationalité des bâtiments de commerce *(Traité du 25 mars 1843, article 13).*

Les navires vénézuéliens ne doivent être affranchis du droit de tonnage que dans le cas où cette immunité est acquise au pavillon français faisant la même navigation *(Même traité, article 10).* — Voir aussi la *Circulaire* n° 2032.

### NAVIRES ÉQUATORIENS, GUATÉMALIENS et DE COSTA-RICA.

(50) Doivent être considérés comme équatoriens, guatémaliens ou de Costa-Rica tous les bâtiments construits sur le territoire de ces États, ou ceux capturés ou provenant de prises, ou enfin ceux condamnés par les tribunaux desdits pays pour infraction aux lois, pourvu que les propriétaires, les capitaines et les trois quarts de l'équipage soient citoyens de l'Équateur, de Guatémala ou de Costa-Rica. Ces navires doivent, d'ailleurs, être munis d'un passe-port, congé ou registre contenant les renseignements propres à établir leur nationalité *(Traités du 6 juin 1843, et des 8 et 12 mars 1848, articles 13).* — Voir aussi les *Circulaires* n° 2068, 2330, 2380 et 2400.

### NAVIRES GRENADINS.

(51) Sont considérés comme grenadins les navires qui naviguent sous le pavillon de la Nouvelle-Grenade et qui sont porteurs de papiers de bord et des documents exigés par les lois de cet État pour la justification de la nationalité des bâtiments de commerce *(Traité du 28 octobre 1844, article 16).* — Voir, d'ailleurs, pour l'application du traité, les *Circulaires* n° 1465 et 2134.

## CONVENTIONS SPÉCIALES *pour le cas de relâche forcée seulement.*

(52) Dans tout autre cas que celui de *relâche forcée*, les navires dont il est ici question doivent acquitter les taxes générales du tarif de navigation afférentes aux navires des pays étrangers qui n'ont pas de traité avec la France, mais sous réserve, bien entendu, des immunités accordées aux navires *de tous pavillons* et qui sont spécifiées à la *page 13.*

Voir, d'ailleurs, la *note* (7) pour les formalités à remplir en cas de relâche forcée, et pour les conditions auxquelles est subordonnée l'immunité qui y est attachée.

Voir aussi les *Circulaires* n° 1491, 1850, 2058, 2084 et 2190, relatives aux navires portugais, autrichiens, toscans, napolitains et prussiens, ainsi que les *Circulaires* n° 1567 et 2337, relatives aux navires mecklenbourgeois.

(53) NAVIRES DES VILLES ANSÉATIQUES. — On entend par là les navires du commerce des villes de *Lubeck, Brême* et *Hambourg.* — Voir, pour ce qui concerne la convention passée avec ces villes, la *Circulaire* n° 1960.

(54) NAVIRES SUÉDOIS et NORWÉGIENS. — La décision du Ministre des finances, du 4 août 1818, admet aux taxes modérées de 50 ou de 25 centimes par tonneau, selon qu'ils sont chargés ou sur lest, les navires étrangers, allant de l'étranger à l'étranger, qui entrent par relâche forcée dans les ports de France; mais cette modération de droits n'a d'effet qu'à titre de réciprocité, c'est-à-dire qu'elle est réservée à la marine des États étrangers qui accordent une réduction de droits analogue aux navires français *(Circulaire n° 1116).*

Le droit serait exigible intégralement si la nécessité de la relâche n'était pas régulièrement constatée, ou si elle était suivie d'une opération quelconque de commerce. — Voir, à cet égard, la *note* (7).

La réduction du droit de tonnage, dans le cas prévu par la décision ministérielle précitée, n'affranchit pas les navires de l'obligation de payer l'intégralité du droit *d'expédition* applicable aux pavillons étrangers *(Décision du 6 septembre 1831).*

## DROIT D'EXPÉDITION.

(55) Le droit d'expédition n'est exigible qu'autant qu'il y a ouverture à la perception du droit de tonnage. Ainsi, toutes les fois qu'un navire est, à un titre quelconque, affranchi *complètement* du droit de tonnage, il doit être pareillement du droit d'expédition *(Décision du 23 pluviôse an 11).*

Mais, si l'immunité n'existe que pour *une portion* du droit de tonnage, le droit d'expédition, qui est indivisible de sa nature, doit être perçu intégralement d'après la contenance du navire, sauf dans le cas énoncé en la *note* (56) ci-dessous *(Décision du 6 septembre 1837)*.

Voir aussi les *Observations préliminaires*, page 8.

(56) PAQUEBOTS AFFECTÉS AU TRANSPORT DES VOYAGEURS. — Les paquebots doivent, comme tous les autres navires, acquitter le droit d'expédition afférent à leur tonnage et à leur pavillon, sans qu'il puisse être question de scinder ce droit; mais, en pareil cas, et par application de la décision ministérielle du 13 mars 1832 rappelée en la *note* (4), le tonnage se calcule d'après le nombre des passagers débarqués, au lieu d'être établi sur la contenance *effective* du navire.

Ainsi, lorsqu'un paquebot français ou d'une puissance jouissant, sous le rapport de la navigation et en vertu des traités, du bénéfice du pavillon national, arrive dans un de nos ports avec un nombre de passagers ne dépassant pas le chiffre de 150 et que, bien entendu, il y a lieu à l'application d'un droit de tonnage quelconque, ce paquebot, quel que soit d'ailleurs le taux de son tonnage effectif, ne doit acquitter la taxe d'expédition que sur le pied de 2 francs; de même, on ne percevrait que 6 francs pour les transports de 150 à 300 passagers inclusivement; et le droit de 15 francs ne serait appliqué que dans le cas où le nombre des passagers débarqués excéderait 300. La même règle de proportion doit pareillement être suivie en ce qui concerne les paquebots étrangers auxquels les avantages de la nationalité ne sont pas réservés; par suite, le droit d'expédition de 36 francs ne deviendrait exigible, à leur égard, qu'autant qu'ils auraient à bord plus de 200 passagers.

L'exemption de droit d'expédition accordée par la décision du 19 brumaire an x aux embarcations *de 5 tonneaux et au-dessous* ne s'applique pas aux paquebots qui n'amèneraient que 5 passagers ou moins. Ces paquebots, dont la contenance *réelle* est toujours de plus de 5 tonneaux, doivent, dans le cas dont il s'agit, acquitter le *minimum* des droits d'expédition, c'est-à-dire 2 francs ou 18 francs, selon le pavillon du navire, à moins que celui-ci ne soit affranchi du droit de tonnage.

Voir, d'ailleurs, pour l'exécution des dispositions qui précèdent, la *Circulaire* n° 2326.

Voir aussi la *note* (4) précitée pour ce qui concerne l'application de la décision ministérielle du 13 mars 1832.

## DROIT D'ACQUIT.

(57) Le droit d'acquit n'est dû que lorsque le navire est passible de l'un des droits *principaux* de navigation, c'est-à-dire du droit de tonnage ou du droit d'expédition *(Décisions des 21 germinal an XI et 23 octobre 1833)*.

D'après les dispositions de l'article 2 de l'Ordonnance du 10 septembre 1817, ce droit ne doit être perçu, en aucun cas, dans le port de Marseille.

## DROIT DE CONGÉ.

(58) Ce droit est exigible toutes les fois que la douane délivre un congé à un navire, soit pour un premier voyage, soit à titre de renouvellement. Mais, dans ce dernier cas, si le congé qu'il s'agit de renouveler a plus d'une année de date, il n'y a aucune perception à effectuer pour l'arriéré, c'est-à-dire pour le temps qui s'est écoulé depuis l'expiration du délai d'un an *(Circulaire n° 1851)*.

Voir, pour ce qui concerne la délivrance des congés et leur renouvellement, les *Observations préliminaires*, page 8.

(59) NAVIRES EXEMPTS DU DROIT DE CONGÉ. — Comme moyen de police pour la douane, on remet aux navires et autres embarcations *exempts du droit de congé* des congés annuels dont on ne fait payer que le timbre *(Décisions des 18 germinal an VIII et 2 juin 1832)*.

Il n'y a pas lieu, en pareil cas, de délivrer une quittance ni, par suite, d'exiger le payement du prix du timbre auquel celle-ci est assujettie *(Décision du 5 mai 1841)*.

## DROIT DE PASSE-PORT.

(60) Les passe-ports assimilés aux *certificats* se payent un franc *(Décision du 5 pluviôse an v)*.

Le droit de passe-port, n'étant pas un droit de navigation proprement dit, est exigible *dans tous les cas et pour tous les* navires étrangers, sans en excepter ceux appartenant à des pays avec lesquels la France est liée par des traités *(Décision du 6 mars 1847).*

Les smolgeurs n'en sont pas exempts, non plus que les navires étrangers qui sortent du port de Marseille *(Décisions des 9 pluviôse an x et 24 avril 1839).*

Quand, à défaut d'imprimés, on vise un ancien passe-port, le droit doit être perçu comme si un nouveau passe-port était délivré *(Décision du 31 décembre 1819).*

Voir, pour ce qui concerne les passe-ports, les *Observations préliminaires*, page 9.

## DROIT DE PERMIS.

(61) Le droit de permis se paye pour chaque embarquement ou débarquement de marchandises *(Circulaire du 21 floréal an v).*

Il est perceptible lors même que, pour quelque cause que ce soit, le bâtiment est affranchi du droit de tonnage *(Circulaire du 12 ventôse an vii).*

Si un consignataire présentait à la fois, pour être embarquées sur un même navire, des marchandises faisant l'objet de plusieurs expéditions de même nature (*transit, exportations avec primes* ou *exportations simples*) émanant, soit des bureaux de la frontière, soit des douanes de l'intérieur, il pourrait, bien qu'une déclaration et un permis fussent apposés sur chacune de ces expéditions, les réunir dans un bulletin en forme de déclaration collective énonçant le numéro et la date de chaque expédition, ainsi que le bureau d'où elle émane. Cette réunion, considérée comme ne constituant qu'une seule opération d'embarquement, ne donnerait, par cela même, ouverture qu'à un droit unique de permis. — Voir, à cet égard, la *Circulaire* n° 2191.

Lorsqu'il y a exemption du droit, le permis ne s'en délivre pas moins, s'il y a embarquement ou débarquement; mais cette formalité s'accomplit gratuitement et n'entraîne aucuns frais quelconques pour la personne à laquelle le permis est remis.

Voir d'ailleurs, relativement aux permis, les *Observations préliminaires*, page 9.

(62) Navires français expédiés de France ou des possessions françaises d'outre-mer, etc. — Par *possessions françaises d'outre-mer*, on doit entendre ici non-seulement les colonies proprement dites et l'Algérie, mais encore tous les comptoirs et établissements situés hors d'Europe, qui appartiennent à la France ou sont placés sous sa domination *(Décisions des 13 janvier 1844 et 12 février 1848).*

L'exemption de droit de permis stipulée par la loi du 6 mai 1841, et qui avait été primitivement accordée par une Ordonnance du 14 septembre 1840, s'applique aux cargaisons transportées d'un entrepôt de France à un autre, ainsi qu'à celles venant des possessions françaises d'outre-mer ou y allant, lors même qu'elles auraient été prises dans un des entrepôts des colonies ou de la métropole *(Décision du 16 octobre 1840).*

L'immunité du droit de permis est également acquise aux cargaisons de morue rapportées, soit de la pêche de Terre-Neuve, soit de la pêche dans les mers d'Islande, ainsi qu'au sel et aux autres objets embarqués à destination de ces pêches *(Décisions des 5 février 1841 et 14 juin 1843).*

Les transports qui ont lieu entre les îles du littoral et le continent français doivent, en ce qui concerne le permis, être considérés comme des opérations de cabotage, et entraîner, à ce titre, l'exemption du droit *(Décision du 5 février 1841).*

(63) Provisions de bord. — La houille embarquée à bord des navires français, dans le cas prévu par l'article 23 de la loi du 2 juillet 1836, doit être considérée comme un objet d'approvisionnement nécessaire pour la navigation du navire, et, par suite, il y a lieu de l'affranchir du droit de permis *(Décision du 31 août 1843).*

Hors le cas prévu par le paragraphe précédent, les permis relatifs aux provisions de bord restent entre les mains des capitaines; c'est le titre de nationalité pour les objets qui n'ont pas été consommés dans la traversée, et sans lequel ils seraient traités comme étrangers au port d'arrivée *(Décision du 14 thermidor an v et Circulaire n° 1185).*

Les marchandises étrangères extraites d'entrepôt doivent être soumises au droit de permis, lors même qu'elles seraient destinées à être consommées en mer par l'équipage d'un navire français *(Décision du 21 septembre 1847).*

(64) Effets des marins, etc. — L'exemption de droit s'étend aux permis délivrés pour les effets des marins morts en mer, et que l'administration de la marine renvoie à leurs familles *(Circulaire manuscrite du 24 juillet 1826).*

(65) Produits de la pêche faite sur les côtes, etc.—Le bénéfice du décret du 10 mars 1809 est acquis aux pro-

duits de la *petite pêche*, soit qu'elle ait lieu en vue de nos côtes, soit qu'elle s'effectue sur les côtes étrangères voisines de la France (*Décision du 26 février 1839*).

(66) MARCHANDISES TRANSBORDÉES. — Pour jouir de l'immunité, il faut, selon qu'il s'agit d'exportation ou d'importation, que les marchandises que l'on transborde aient déjà payé le droit de permis, ou qu'elles y soient ultérieurement assujetties (*Décisions des 18 prairial an VII et 31 décembre 1819*).

Le transbordement des marchandises destinées à être réexpédiées immédiatement suppose la double opération de débarquement et d'embarquement; on ne perçoit néanmoins qu'un seul droit pour le permis unique qui est délivré en pareille circonstance (*Circulaire n° 1846*).

(67) MARCHANDISES DÉBARQUÉES D'UN NAVIRE *qui ne peut sortir du port*. — Il s'agit ici uniquement des marchandises qui, après avoir été embarquées sous le payement du droit de permis, sont remises à terre, parce que le navire se trouve dans l'impossibilité de sortir du port.

(68) MARCHANDISES PROVENANT DE PRISES. — Le déchargement des marchandises provenant de prises étant réglé par l'arrêté du Gouvernement du 2 prairial an XI, il n'y a pas lieu de délivrer de permis de débarquer.

(69) CARGAISONS PROVENANT DE NAUFRAGES, etc. — L'immunité ne s'applique qu'à l'importation. Si les marchandises recueillies étaient ensuite réexportées, l'embarquement ne pourrait en être effectué qu'en vertu d'un permis pour lequel le droit serait dû, selon le pavillon du navire exportateur (*Décision du 13 juin 1849*).

(70) CARGAISONS DES NAVIRES ÉTRANGERS ADMIS À FAIRE LE CABOTAGE. — D'après les dispositions rappelées en la *note* (17), le droit de permis de cinquante centimes ou d'un franc, selon le pavillon du navire, serait exigible pour les marchandises apportées de l'étranger et qui seraient débarquées avant de commencer l'opération de cabotage.

(71) NAVIRES ESPAGNOLS. — Les navires espagnols qui font le cabotage d'un port de France à un autre sont affranchis du droit de permis (*Décision du 16 octobre 1840*).

(72) SMOGLEURS ANGLAIS. — Ces navires, étant placés en dehors du traité du 26 janvier 1826, doivent les droits *de permis et de certificat* applicables aux pavillons étrangers en général (*Décision du 31 juillet 1834*).

## DROIT DE CERTIFICAT.

(73) Le droit *de certificat* n'est exigible que pour les certificats qui sont destinés à être produits en justice (*Décision du 22 novembre 1830*).

Ce droit n'est pas dû à Marseille (*Ordonnance du 10 septembre 1817, article 2*).

Le droit de certificat n'affectant que les *cargaisons*, les certificats de jauge, qui se rapportent aux navires, n'en sont point passibles.

# RÉPERTOIRE ALPHABÉTIQUE

DU

## TARIF DES DROITS DE NAVIGATION.

| INDICATION des DROITS. | NAVIRES AUXQUELS ILS S'APPLIQUENT. | | PAGES des | |
|---|---|---|---|---|
| | | OBSERVATIONS préliminaires. | TABLEAU des droits. | NOTES. |
| DROIT D'ACQUIT | Navires français .................... | | 12 | 30 |
| | Navires étrangers { de tous pavillons, *pour certains cas exceptionnels* ..... | | | |
| | des pays qui n'ont pas de traité de navigation avec la France ..... | | 13 | |
| | des pays qui ont un traité de navigation avec la France ..... | | Voir *Droit de tonnage.* | |
| DROIT DE CERTIFICAT | Navires français .................... | * | 19 | 31 |
| | de tous pavillons, *pour certains cas exceptionnels* ..... | * | 19 | |
| | Navires étrangers { des pays qui n'ont pas de traité de navigation avec la France ..... | * | 19 | |
| | des pays qui ont un traité de navigation avec la France ..... | | 20 | |
| DROIT DE CONGÉ | Navires français ..... | 8 | 18 | 32 |
| DROIT D'EXPÉDITION | Navires français .................... | 8 | 12 | 31 et 32 |
| | de tous pavillons, *pour certains cas exceptionnels* ..... | 8 | 13 | |
| | Navires étrangers { des pays qui n'ont pas de traité de navigation avec la France ..... | | | |
| | des pays qui ont un traité de navigation avec la France ..... | 8 | Voir *Droit de tonnage.* | |
| DROIT DE FRANCISATION | Navires français et navires étrangers admis exceptionnellement à la francisation ..... | 7 | 11 | 21 |
| DROIT DE PASSE-PORT | Navires étrangers ..... | 9 | 18 | 32 |
| DROIT DE PERMIS | Navires français ..... | | | |
| | de tous pavillons, *pour certains cas exceptionnels* ..... | 9 | 19 | 33 et 34 |
| | Navires étrangers { des pays qui n'ont pas de traité de navigation avec la France ..... | | | |
| | des pays qui ont un traité de navigation avec la France ..... | 9 | 20 | 31 |
| DROIT DE TONNAGE | Voir d'autre part. | | | |

| INDICATION des DROITS. | NAVIRES AUXQUELS ILS S'APPLIQUENT. | PAGES des | | |
|---|---|---|---|---|
| | | OBSERVATIONS préliminaires. | TABLEAU des droits. | NOTES. |
| DROIT DE TONNAGE. | Navires français. . . . . . . . . . . . . . . . . . . . . . . . | 8 | 1 | 21 et 23 |
| | de tous pavillons, *pour certains cas exceptionnels*. . . . . . . . . | 8 | 13 | 25 à 27 |
| | des pays qui n'ont pas de traité de navigation avec la France. . . . | 8 | 13 | 21 |
| | Américains (*États-Unis*). . . . . . . . . . . . . | 8 | 14 | 27 et 28 |
| | Anglais. . . . . . . . . . . . . . . . . . . | 8 | 14 | 28 |
| | Belges. . . . . . . . . . . . . . . . . . . | 8 | 16 | 29 et 30 |
| | Boliviens. . . . . . . . . . . . . . | 8 | 17 | 30 |
| | Brésiliens. . . . . . . . . . . . . | | | |
| Navires étrangers | De Costa-Rica. . . . . . . . . . . . . | 8 | 17 | 31 |
| | Danois. . . . . . . . . . . . . . | 8 | 14 | 28 |
| | Équatoriens. . . . . . . . . . . . . | 8 | 17 | 31 |
| | Espagnols. . . . . . . . . . . . . | 8 | 14 | 27 |
| | Grenadins (*Nouvelle-Grenade*). . . . . . . . | 8 | 17 | 31 |
| | Guatémaliens. . . . . . . . . . . . . | | | |
| des pays qui ont un traité de navigation avec la France. | Mexicains. . . . . . . . . . . . . | 8 | 17 | 30 |
| | Néerlandais. . . . . . . . . . . . . | 8 | 15 | 29 |
| | Russes. . . . . . . . . . . . . | 8 | 15 | 28 |
| | Sardes. . . . . . . . . . . . . | 8 | 16 | 30 |
| | De l'Uruguay. . . . . . . . . . . . . | 8 | 17 | 30 |
| | Vénézuéliens. . . . . . . . . . . . . | | | |
| | Pour le cas de relâche forcée seulement. — Autrichiens. . . . . . . . . . | 8 | 17 | 31 |
| | Mecklembourgeois. . . . . . . . . . | | | |
| | Napolitains. . . . . . . . . . | | | |
| | Norwégiens. . . . . . . . . . | | | |
| | Portugais. . . . . . . . . . | | | |
| | Prussiens. . . . . . . . . . | | | |
| | Suédois. . . . . . . . . . | | | |
| | Toscans. . . . . . . . . . | | | |
| | Des Villes anséatiques. . . . . . . . . . | | | |

# TARIF

### DES

# DROITS SANITAIRES.

# AVERTISSEMENT.

Les employés des Douanes étant appelés à opérer la perception des droits sanitaires ( *Arrêté ministériel du 5 décembre 1843. — Circulaires nᵒˢ 2004 et 2051* ), l'Administration a jugé utile de faire imprimer le Tarif de ces droits à la suite de celui des droits de navigation, bien qu'il s'agisse de deux objets tout à fait distincts et que, d'ailleurs, les taxes sanitaires ne rentrent pas dans la catégorie des droits de douanes.

Le Tarif que l'on publie ici doit être considéré comme faisant règle, sauf à référer à l'administration supérieure des questions qui pourraient surgir dans l'application et dont la solution ne serait pas indiquée.

# RENSEIGNEMENTS GÉNÉRAUX.

### DE LA POLICE SANITAIRE.

**1.** Cette police a pour but d'empêcher les communications qui pourraient apporter dans un pays sain les germes d'une maladie pestilentielle existant au dehors ; elle a été organisée dans tous les ports de France conformément aux dispositions de la loi du 3 mars 1822 et de l'ordonnance royale du 7 août suivant.

**2.** La police sanitaire *locale* est exercée, sous la surveillance des préfets, par des intendances et par des commissions relevant du département de l'agriculture et du commerce.

### DES DROITS SANITAIRES.

**3.** Les droits dus à l'État pour subvenir aux frais du service sanitaire sont actuellement rangés parmi les contributions et revenus publics, en vertu de l'article 9 de la loi du 24 juillet 1843. Un règlement arrêté, de concert, par MM. les Ministres du commerce et des finances, le 5 décembre suivant, a déterminé l'intervention des agents des deux départements chargés de concourir à la perception de ces droits. Les receveurs principaux des douanes sont appelés à en encaisser la généralité, et les inspecteurs à en assurer l'exact et complet recouvrement.

**4.** Les taxes sanitaires se divisent en quatre classes, savoir :

1° Les droits relatifs à *l'expédition des navires*. Ces droits se composent,

Du prix de la *patente de santé*, qui doit être délivrée à chaque navire pour lequel on la demande ;

De la rétribution due par les bâtiments *en relâche*, qui réclament *le visa* de leur patente ;

Du prix des *bulletins individuels de santé* remis à chaque passager, lorsque le capitaine du navire demande qu'il en soit délivré.

2° Les droits payables à *l'arrivée*. Ils consistent dans la rétribution due pour la visite et la reconnaissance des navires.

3° Les droits relatifs *à la quarantaine des navires et des passagers*.

4° Les droits de *purification des marchandises* dans les lazarets.

### DE LA PATENTE *et* DES BULLETINS DE SANTÉ.

**5.** La patente de santé est délivrée sur la présentation d'un certificat constatant le tonnage du navire, son pavillon, le nom du capitaine, la force de l'équipage et le genre de navigation qu'il va entreprendre. *Selon les convenances des localités*, les capitaines de navires étrangers sont libres de s'adresser soit à l'Administration de la marine, soit à celle des douanes, soit au consul de leur nation ou aux courtiers de commerce, pour obtenir ce certificat. La signature des consuls étrangers est soumise au visa de l'administration sanitaire.

Les capitaines de bâtiments du commerce français peuvent demander le même certificat, soit à la marine, soit à la douane.

Quant aux bâtiments de l'État, ils reçoivent ce document de l'autorité maritime exclusivement. (*Arrêté ministériel du 5 décembre 1843, article 8. — Circulaires de M. le Ministre du commerce, du 11 décembre 1844, et de l'Administration des douanes, du 22 janvier suivant, n° 2052*).

6. En aucun cas, un navire sur le point de partir ne peut être forcé de prendre une patente de santé, ou de se munir de bulletins de santé pour les passagers qu'il a à bord.

## DU DROIT DE RELACHE.

7. Le droit de relâche n'est dû que par les navires qui font effectivement viser leur patente.

## DU DROIT DE RECONNAISSANCE.

8. Les navires qui viennent d'un port français dans un autre port français de la même mer (A) sont exempts du droit de reconnaissance. Ils sont également dispensés de l'obligation de produire une patente de santé.

9. Tout navire soumis au droit de reconnaissance doit en effectuer le payement au premier port où il communique. La quittance constatant ce payement dispensera le navire d'acquitter tout autre droit de reconnaissance ou de relâche dans les autres ports situés sur la même mer (A).

10. Si un navire muni d'une patente de santé la fait viser dans un port de relâche non situé sur la même mer que le port de destination, *sans faire aucune opération de commerce* dans le premier de ces ports, il ne payera que le droit de relâche. Si ce navire relâche successivement dans plusieurs ports situés sur la même mer, il ne payera le droit de relâche qu'au premier des ports où il aura été admis à libre pratique : dans ce cas, le droit de reconnaissance sera acquitté au port de destination.

11. Tout navire en relâche *dans une rade*, ne peut être soumis au droit de reconnaissance qu'autant qu'il désire communiquer (*Instruction jointe à la circulaire de M. le Ministre du commerce du 8 mai 1846*).

---

(A) Les ports français situés sur l'Océan ou sur les fleuves qui se jettent dans l'Océan, et les ports de la Manche sont considérés comme étant situés sur la même mer.

# TABLEAU
# DES DROITS SANITAIRES[1].

La quotité de ces droits a été fixée par l'État C, annexé à la loi du 24 juillet 1843 (*Budget des recettes de l'exercice 1844*).

## TAXES APPLICABLES AUX NAVIRES [2].

| DÉSIGNATION DES BATIMENTS ET DU GENRE DE NAVIGATION AUQUEL ILS SONT EMPLOYÉS. | DROIT de patente. | DROIT de visa ou de relâche. | DROIT de reconnaissance [4]. |
|---|---|---|---|
| | par navire. | par navire. | par navire. |
| **1° Droits relatifs à l'expédition, à la relâche et à la reconnaissance des navires [3].** | | | |
| **Bâtiments français et Bâtiments étrangers dont le pavillon est assimilé au pavillon français [6].** — Paquebots de tout tonnage dont la traversée, effectuée à jour fixe, ne dure pas habituellement plus de douze heures [5] | *Droit annuel : 20 francs.* | | |
| | fr. c. | fr. c. | fr. c. |
| autres — faisant le cabotage de l'Océan à la Méditerranée ou de la Méditerranée à l'Océan, ou naviguant entre un port français et un port étranger dans les limites au delà desquelles commence la navigation de long cours [7]. — de 50 tonneaux et au-dessous. | 2. 50 | 1. 25 | 2. 50 |
| de plus de 50 tonneaux | 5. 00 | 2. 50 | 5. 00 |
| naviguant au long cours [8]. — de 100 tonneaux et au-dessous. | 5. 00 | 2. 50 | 5. 00 |
| de plus de 100 tonneaux | 10. 00 | 5. 00 | 10. 00 |
| **Bâtiments étrangers dont le pavillon n'est pas assimilé au pavillon français.** — Paquebots de tout tonnage dont la traversée, effectuée à jour fixe, ne dure pas habituellement plus de douze heures [5] | *Droit annuel : 30 francs.* | | |
| autres — faisant le cabotage d'une mer à l'autre, ou naviguant entre un port français et un port étranger dans les limites au delà desquelles commence la navigation de long cours [7]. — de 50 tonneaux et au-dessous. | 3. 75 | 1. 88 | 3. 75 |
| de plus de 50 tonneaux | 7. 50 | 3. 75 | 7. 50 |
| naviguant au long cours [8]. — de 100 tonneaux et au-dessous. | 7. 50 | 3. 75 | 7. 50 |
| de plus de 100 tonneaux | 15. 00 | 7. 50 | 15. 00 |

**2° Droits relatifs à la quarantaine des navires.**

| Bâtiments français et Bâtiments étrangers de tous pavillons | | |
|---|---|---|
| de 50 tonneaux et au-dessous | 4ᶠ 00ᶜ | |
| de 50 tonneaux *exclusivement* à 100 tonneaux *inclusivement* | 6. 00 | par navire et par jour. |
| de 100 tonneaux *exclusivement* à 200 tonneaux *inclusivement* | 8. 00 | |
| de 200 tonneaux *exclusivement* à 300 tonneaux *inclusivement* | 10. 00 | |
| de plus de 300 tonneaux | 12. 00 | |

## TAXES APPLICABLES AUX PERSONNES.

| | | |
|---|---|---|
| Au départ. — Bulletins de santé des passagers [9] | 1ᶠ 00ᶜ | pour chaque bulletin individuel. |
| À l'arrivée. — Droit de quarantaine [10]. — non compris la nourriture du garde | 1. 50 | pour chaque garde et par jour. |
| y compris la nourriture du garde | 3. 00 | |

## TAXES APPLICABLES AUX MARCHANDISES [11].

| | | |
|---|---|---|
| Droit de quarantaine ou de purification. — Marchandises emballées, de toute sorte | 0ᶠ 50ᶜ | par 100 kilog. |
| Marchandises non emballées. — Cuirs | 1. 00 | par 100 pièces. |
| Petites peaux | 0. 50 | |

# NOTES EXPLICATIVES

DU

## TABLEAU DES DROITS SANITAIRES.

(1) Les droits sanitaires ne sont point passibles du décime additionnel.

## TAXES APPLICABLES AUX NAVIRES.

(2) De ce qu'un navire est exempt des droits de navigation, il ne s'ensuit nullement qu'il soit dispensé de payer les taxes sanitaires. Ainsi, les yachts de plaisance, qui sont affranchis des droits de tonnage, etc., n'en sont pas moins, comme tous les autres navires, lorsqu'ils viennent de l'étranger ou qu'ils naviguent au cabotage d'une mer à l'autre, soumis, lors de leur entrée dans un port de France, à la formalité de l'arraisonnement et au payement de la rétribution qui s'y rattache (*Circulaire n° 2395*).

## DROITS RELATIFS A L'EXPÉDITION, A LA RELACHE, *etc.*, DES NAVIRES.

(3) Les différents cas où ces droits sont applicables sont indiqués aux *Renseignements généraux*, pages 39 et 40.

Les seuls navires qui soient exempts, *d'une manière absolue*, des formalités sanitaires et des taxes qui s'y rapportent, sont, ainsi que cela est expliqué page 40, les bâtiments qui vont de port français à port français, dans la même mer. Voir, pour ce qui concerne les paquebots, la *note* (5) ci-après.

(4) Droit de reconnaissance. — Ainsi qu'il est dit en l'article 9 des *Renseignements généraux*, tout navire qui a acquitté le droit de reconnaissance à son arrivée dans un port de France est dispensé de payer aucune autre taxe sanitaire dans les autres ports situés sur la même mer. Afin d'établir, aux yeux des chefs appelés à vérifier la comptabilité des droits sanitaires, la preuve que ces taxes ont été acquittées au port de prime-abord, et que le navire qui est venu ensuite dans d'autres ports n'y a pas été indûment exempté de tout nouveau payement, on aura soin de prendre note, sur un registre de la douane de chacun des ports d'escale (*formule n° 8 de la série N*), du nom du port où la perception a été effectuée, ainsi que de la date et du numéro de la quittance. Il convient, en pareil cas, que, de son côté, l'agent sanitaire ne tienne le capitaine pour déchargé du payement de la taxe qu'après que le visa de la douane aura été apposé au dos de cette quittance.

Dans les ports où il existe un receveur spécial des droits sanitaires, la note destinée à rappeler le payement fait au port *de prime-abord*, sera prise par ce receveur sur un registre de la même formule, que lui remettra, à cet effet, le receveur principal des douanes.

Les bâtiments échoués ou naufragés sont exempts du payement du droit de reconnaissance, quand ils n'entrent pas dans le port (*Décision ministérielle du mois de juin 1845*).

(5) Paquebots. — Les paquebots, *tant à voiles qu'à vapeur*, faisant un service régulier entre un port étranger et un port français, peuvent, moyennant le payement d'un droit fixe et à charge par eux d'arborer à leur arrivée un signal convenu, être affranchis de l'arraisonnement et de la taxe y relative, lorsque leur trajet ordinaire n'excède pas douze heures de navigation, ou même, *quelle que soit la durée de ce trajet*, lorsqu'ils viennent de la Belgique, de la Hollande

ou de la Grande-Bretagne. Il faut, pour cela, qu'ils fassent préalablement connaître à l'administration sanitaire la spécialité de leur destination. Le bulletin qui leur est délivré pour constater que cette déclaration a été faite leur tient lieu de patente. Il est valable pendant une année, à moins qu'ils n'interrompent leurs voyages pour desservir, même momentanément, une autre ligne; auquel cas le bulletin devrait être renouvelé, si le paquebot voulait reprendre son service habituel et jouir des mêmes avantages que précédemment.

C'est la délivrance du bulletin dont il vient d'être question qui donne lieu à la perception du droit de 25 francs, si le paquebot est français ou assimilé, et de 50 francs, si le paquebot est étranger non assimilé.

(*Arrêté ministériel du 5 décembre 1843. — Circulaire de M. le Ministre du commerce, du 18 novembre 1848*).

(6) BÂTIMENTS ÉTRANGERS DONT LE PAVILLON EST ASSIMILÉ AU PAVILLON FRANÇAIS. — Les pavillons pour lesquels cette assimilation existe sont ceux qui suivent :

Pavillon d'Espagne.
— des États-Unis.
— du Brésil.
— de Bolivie.
— de l'Uruguay.
— du Mexique.
— de Venezuela.
— de l'Équateur.
— de la Nouvelle-Grenade.
— de Guatemala.
— de Costa-Rica.
— de Sardaigne.
} Sans aucune distinction.

— de Danemark.
— de Hollande.
— de Belgique.
} Pour les navires venant, 1° *sur lest*, de tous ports quelconques; 2° *avec chargement*, des ports du royaume auquel appartient le navire; 3° *avec chargement*, de tous ports quelconques, quand le navire repart sans avoir fait aucune opération de commerce.

Pavillon d'Angleterre.
} Pour les navires arrivant, 1° *avec chargement*, des possessions britanniques en Europe : 2° *sur lest*, de tous ports quelconques; 3° *en relâche forcée*, avec ou sans chargement, quelle que soit la provenance.

Pavillon de Russie.
} Pour les navires venant 1° *sur lest*, de tous ports quelconques, *excepté des ports russes de la mer Noire et de la mer d'Azoff*; 2° *avec chargement* de tous *ports russes autres que ceux de la mer Noire et de la mer d'Azoff*; 3° *en relâche forcée*, avec ou sans chargement, quelle que soit la provenance.

Pavillon de Portugal.
— du Mecklenbourg.
— d'Autriche.
— des Villes hanséatiques.
— de Toscane.
— des Deux-Siciles.
— de Prusse.
} Dans le seul cas de relâche forcée, non suivie d'opérations de commerce.

(7) BÂTIMENTS NAVIGUANT ENTRE UN PORT FRANÇAIS ET UN PORT ÉTRANGER, etc. — Sont compris dans les limites de la navigation *autre que celle de long cours*, 1° les ports d'Angleterre, d'Écosse, d'Irlande et ceux des autres pays du nord de l'Europe, jusqu'au Skager-Rack, au Cattégat et à la Baltique, inclusivement; 2° les ports étrangers situés en deçà du détroit de Gibraltar et, depuis ce détroit, jusqu'à l'embouchure de la mer Noire.

(8) BÂTIMENTS NAVIGUANT AU LONG COURS. — On entend par navigation *de long cours*, celle qui s'étend sur les côtes d'Afrique, dans l'Océan, au delà du détroit de Gibraltar; celle qui s'étend en Islande et sur les côtes continentales de l'Europe, ailleurs que dans le Skager-Rack, le Cattégat et la Baltique, enfin la navigation transatlantique (*Instruction jointe à la circulaire de M. le Ministre du commerce, du 8 mai 1846*).

Un navire de guerre qui prendra une patente de santé avec cette seule indication : *pour la mer* ou *allant à la mer*, payera le droit de patente comme s'il naviguait *au long cours*. Quant au droit de reconnaissance, il doit être réglé, non d'après la teneur de la patente, mais d'après la provenance réelle du bâtiment. ainsi, les navires de guerre doivent, en ce qui concerne l'application de ce dernier droit, être assimilés de tous points à ceux du commerce placés dans les mêmes conditions (*Arrêté ministériel du 5 décembre 1843 — Circulaire de M. le Ministre du commerce, du 20 septembre 1846*).

Les paquebots de l'Administration des postes sont considérés comme bâtiments de guerre (*Instruction jointe à la circulaire précitée du 8 mai 1846*).

## TAXES APPLICABLES AUX PERSONNES.

(9) Bulletins de santé des passagers. — Que le passager soit étranger ou français, et quel que soit le pavillon du navire sur lequel il s'embarque, le prix de chaque bulletin de santé est invariablement fixé à un franc.

Ces bulletins sont individuels, en d'autres termes, deux passagers ne peuvent jamais être portés sur le même bulletin (*Instruction jointe à la circulaire de M. le Ministre du commerce, du 8 mai 1846*).

(10) Droit de Quarantaine des personnes. — Le droit relatif à la quarantaine des personnes est le même pour tous les passagers, sans distinction de leur nationalité ni du pavillon sous lequel ils sont venus.

Un seul garde peut être affecté à la surveillance de quatre personnes arrivées par un même navire. Un passager venu seul à bord d'un navire aura toujours un garde (*Même instruction*).

## TAXES APPLICABLES AUX MARCHANDISES.

(11) Les droits relatifs à la purification des marchandises sont les mêmes pour toutes celles de la même catégorie, sans acception du pavillon sous lequel elles ont été importées (*Même instruction*).